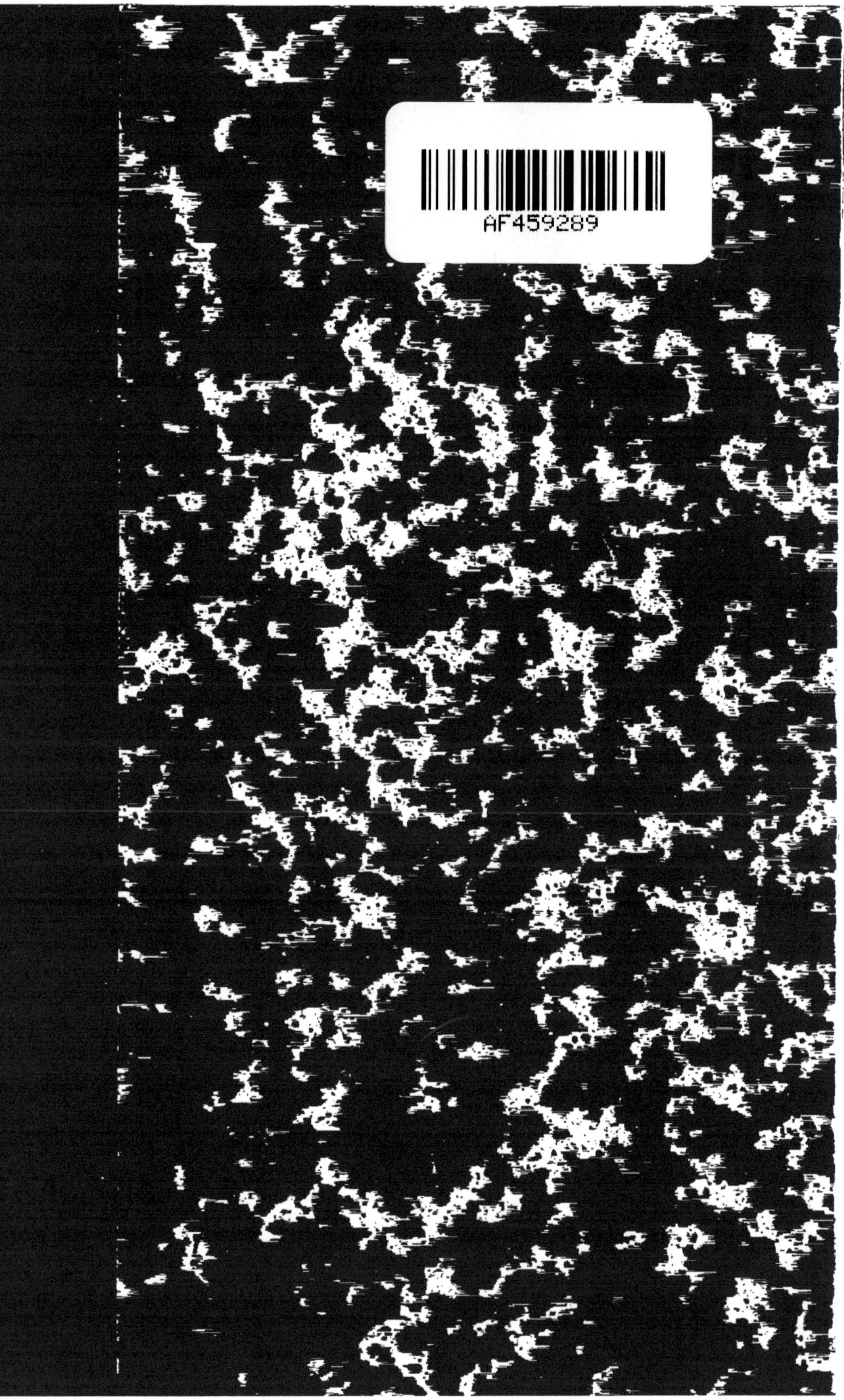

POT-POURRI
RÉVOLUTIONNAIRE

POUR SERVIR A L'HISTOIRE DE NOS JOURS

OU

LA VÉRITÉ TOUTE NUE

SUR NOS MALHEURS, SUR LES GRANDS COUPABLES
ET SUR LES TROIS MILLE INDIVIDUS ENTRE LES MAINS DESQUELS
BUONAPARTE A DÉPOSÉ
LES SEPT CENT MILLIONS QUE LES PUISSANCES ÉTRANGÈRES
NOUS DEMANDENT AUJOURD'HUI

PAR

J. V**** (DU MIDI)

PREMIÈRE ÉDITION

Prix : 5 Francs

PARIS
CHEZ PANIS, ÉDITEUR
15, BOULEVARD MONTMARTRE, 15

1870

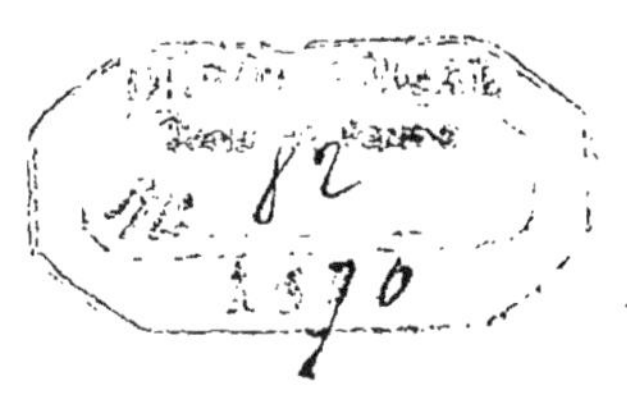

POT-POURRI

RÉVOLUTIONNAIRE

F. AUREAU. — IMPRIMERIE DE LAGNY

POT-POURRI
RÉVOLUTIONNAIRE

POUR SERVIR A L'HISTOIRE DE NOS JOURS

OU

LA VÉRITÉ TOUTE NUE

SUR NOS MALHEURS, SUR LES GRANDS COUPABLES
ET SUR LES TROIS MILLE INDIVIDUS
ENTRE LES MAINS DESQUELS BUONAPARTE A DÉPOSÉ
LES SEPT CENT MILLIONS
QUE LES PUISSANCES ÉTRANGÈRES NOUS DEMANDENT AUJOURD'HUI

Non missura cutem nisi plena cruoris hirudo.

PAR

J. V***** (DU MIDI)

A PARIS
CHEZ PANIS, ÉDITEUR
A LA GRANDE LIBRAIRIE, 15, BOULEVARD MONTMARTRE
ET A LA LIBRAIRIE INTERNATIONALE
15, BOULEVARD MONTMARTRE

TABLE DES MATIÈRES

CONTENUES DANS CET OUVRAGE

PRÉFACE

Ils y sont tous ; et si j'en avais su davantage sur leur compte, je l'aurais écrit. Aux termes où nous en sommes avec ces messieurs, les ménagements m'ont paru hors de saison. Voulant, d'ailleurs, préparer des matériaux pour l'histoire, j'ai dû ne faire parler que la vérité. Cela n'empêchera pas les *Trois Mille* de crier à la calomnie ;

s'ils me citent par-devant quelque tribunal, je leur conseille d'excepter celui de l'opinion publique, je l'ai tout dans ma manche. Si quelque habile écrivain, quelque littérateur distingué, qui n'aura de philosophie que tout juste ce qu'il en faut pour ne pas cesser d'être honnête homme, se charge un jour de publier l'histoire de nos quinze années, sous la domination du Corse, je me plais à croire que mon livre ne lui sera pas inutile. Il n'aura pas à se casser la tête, pour deviner des noms écrits ou désignés par leur initiale ; j'ai tout dit : j'ai tout nommé. (Voyez la table des matières.)

Français, vous qui pendant vingt-cinq ans avez gémi sur les malheurs de notre belle patrie ; vous pour qui chérir nos

Bourbons est un besoin, lisez mon livre, il ne vous ennuiera pas ; lisez-le, vous aussi, que j'ai désignés comme devant payer, par la seule raison que nos malheurs vous enrichirent, sans que vous y prissiez aucune part ; lisez-le ; et sauf votre chapitre, je suis presque convaincu qu'il vous amusera.

Ne le lisez pas, vous qu'il frappe, prenez-y garde ; il vous épouvantera, tant vous vous trouverez ressemblants.

Quant à moi, j'aurai atteint le but, si l'on ordonne que le fossé soit comblé par ceux qui s'enrichirent à le creuser.

C'est à vous, Lecteurs, à juger si j'ai frappé fort et juste.

PRÉFACE DE L'ÉDITEUR

Dans quel but a-t-on publié ce livre

Telle est la question que ne manqueront pas de se poser un grand nombre de personnes.

Présente-t-il un intérêt d'actualité? présente-t-il un intérêt historique?

Si parmi les innombrables pamphlets qui furent lancés en 1815, nous avons entre tous choisi celui-ci, ce n'a pas été sans motif sérieux.

Ce livre se distingue, en effet, de ceux du même qui parurent à cette époque, en ce sens qu'il a été écrit sous la préoccupation d'un sentiment louable en principe, celui que peuvent inspirer à un homme les malheurs de sa patrie.

Il ne faut pas oublier que lorsque les Bourbons furent restaurés, la France venait de traverser plus de vingt ans de luttes, et que le pays complétement ruiné était en quelque sorte saigné à blanc.

Cependant, un lourd impôt de guerre pesait sur la nation, et comme gage du paiement, le gouvernement français avait dû livrer quelques-unes de ses places les plus importantes.

Il fallait à tout prix faire cesser une telle situation et se débarrasser de l'étranger.

Ce n'était point chose facile que de réunir le milliard nécessaire pour arriver à ce résultat.

L'ancienne noblesse ne possédait plus rien, ou presque rien; la bourgeoisie avait été ruinée; le commerce n'existait plus; l'industrie était anéantie; l'agriculture manquait de bras; en un mot, toutes les ressources de la France étaient taries.

On conçoit dès lors que la question du paiement de l'impôt de guerre primât toutes les autres, et si l'on réfléchit, il paraîtra tout naturel que les partisans du régime restauré aient jeté les yeux sur ceux qu'ils considéraient comme les auteurs des maux dont la nation était accablée.

Cette considération eût été insuffisante, si la fortune publique ne se fût réellement trouvée en un petit nombre de mains.

Il est malheureusement incontestable que les enrichis de l'époque étaient tous et exclusivement des militaires, de hauts fonctionnaires ou des fournisseurs. Les militaires, parce qu'ils avaient pris un peu partout et parce que Napoléon Ier les avait comblés de richesses; les hauts fonctionnaires parce qu'ils avaient grassement émargé au budget de l'Etat; les fournisseurs, parce que dans ce temps de guerres incessantes, et alors que l'administration marchait pour ainsi dire sans contrôle, ils avaient pu, comme toujours d'ailleurs en pareille circonstance, prélever de gros bénéfices et souvent même des bénéfices illicites, sur les fournitures par eux faites.

Il était donc tout naturel, nous le répétons, qu'on songeât à prendre, comme dit l'auteur du livre, de l'argent là où il y en avait. Il était non moins naturel que, dans cette situation, quelqu'un imaginât de dresser un bilan des fortunes récemment formées.

C'est pourquoi, sortant de la ligne ordinaire des autres libelles du temps, *la Macédoine révolutionnaire* a plus qu'une portée de pamphlet.

Ce n'est pas que nous la considérions comme un livre qui doit faire article de foi. Loin de nous cette idée.

Après l'avoir étudié longuement, nous avons pu nous convaincre qu'il valait surtout comme document bon à consulter, et ce n'est point à un autre titre que nous le recommandons au public.

On y trouvera en effet, au milieu d'exagérations de toutes sortes, des éléments sérieux d'appréciation, auxquels le temps, loin de les affaiblir, n'a fait que donner plus de force.

En résumé, il y a eu sous le premier empire, comme à toutes les époques de l'histoire, des hommes qui ont usé et abusé, soit de leur situation, soit de la faveur du souverain, soit des circonstances, pour gaspiller les deniers de l'Etat, pour édifier leur fortune sur les décombres de la fortune publique, pour se créer des sinécures, pour pratiquer le cumul le plus étendu, pour ériger le népotisme en principe, en un mot, pour instituer un état de choses que l'on voit se produire invariablement, quand de profonds changements s'opèrent dans la constitution politique ou sociale d'un peuple, et que des principes usés s'effondrent, pour faire place à des principes nouveaux.

L'auteur de *la Macédoine révolutionnaire* a la prétention de faire connaître quelques-uns de ces hommes.

Au surplus, il est temps de nous souvenir

ici qu'il était l'ennemi de ceux qu'il implacable dénonçait; qu'il les jugeait avec ses haines, avec ses rancunes; qu'il en parlait avec cette licence de langage, propre au fanatisme le plus intolérant, ou aux passions les plus exaltées.

Ses appréciations contiennent évidemment des erreurs. Ces erreurs sont parfois involontaires, parfois, au contraire, elles sont calculées. Il est certain néanmoins qu'il a fait l'historique à peu près fidèle de toutes les grandes fortunes qui se sont constituées depuis 1793 jusqu'à la seconde invasion, et on ne peut nier que ce ne soit là un point fort important.

Mais à part cet intérêt de fait, si nous pouvons ainsi dire, ce livre en a un autre qu'on doit reconnaître. Il donne une indication précise en ce qui concerne le mouvement des esprits après la restauration.

Par la crudité de sa forme, par son allure

sans cesse agressive et passionnée, par le déshabillé de ses expressions, il peut être pour les esprits réfléchis une source d'intéressantes observations. Par les anecdotes qui y sont rapportées, il surexcite en outre l'attention du lecteur, et éclaire parfois d'une vive lumière certains côtés inaperçus du caractère des personnages qui traversèrent la scène politique de cette époque.

Tels sont les bons côtés de cet ouvrage : il nous reste maintenant à parler de ses côtés défectueux.

Sous l'empire de la passion qui le domine et qui le surmène ; poussé par son tempérament et par son fanatisme politiques, l'auteur s'est bien souvent laissé aller à des violences de style inouïes, à des appréciations sur les personnes, brutales ou tout au moins de mauvais goût.

Pour lui, la différence des sexes s'efface, Quand il se trouve en présence de ses adversaires, il ne voit en eux que des ennemis sur lesquels il doit frapper indistinctement. Il arrive même que pour les rendre plus odieux, il n'hésite pas à les couvrir de boue. Dans ces moments sa haine déborde, et cette haine l'aveugle au point de le rendre répulsif.

Nous ne craignons pas d'avouer qu'en certains passages, le dégoût nous est monté au cœur, et qu'à diverses reprises, nous avons été sur le point de fermer le volume, avec la volonté de ne plus le rouvrir. Mais à côté de ces ivresses de colère, nous avons trouvé des ivresses d'attachement telles, pour un principe ou pour une famille, qu'une chose atténuant l'autre, nous avons pris le parti le plus sage à notre avis. Nous avons supprimé les endroits trop violents, en ne laissant subsister que ce qui, malgré sa violence, ne sortait pas des bornes d'une attaque passionnée, injuste dans le fond, mais supportable dans la forme.

D'ailleurs, nous avons procédé à ce travail d'élimination avec le soin le plus scrupuleux. On verra par la lecture de l'ouvrage que ce qu'il contient de plus vif, se trouve généralement dans l'anecdote. Or, les anecdotes que raconte l'auteur n'intéressent pas en fait le fond de son œuvre. Elles lui sont ce qu'une moulure est à une boiserie ; on peut enlever la moulure sans nuire à la solidité du meuble.

Mais, dira-t-on, cela peut modifier la physionomie générale du volume?

Nous répondrons par la négative, attendu qu'en l'espèce, ces anecdotes constituent pour la plupart tout autant de hors-d'œuvre, et que parmi celles que nous avons supprimées, quelques-unes nous ont paru complétement apocryphes.

Voilà ce que nous avions à dire sur ce travail. C'est aux bons esprits à distinguer les excellentes choses qu'il renferme Quant à ceux qui voient le mal partout, ils devront tout au moins nous tenir compte du scrupule avec lequel nous avons rigoureusement rejeté tout ce qui pouvait être ou scandaleux ou choquant.

A. Panis.

POT-POURRI RÉVOLUTIONNAIRE

POUR SERVIR A L'HISTOIRE DE NOS JOURS

CHAPITRE PREMIER

LA RÉVOLUTION

La révolution française, sur le commencement de laquelle on a déjà tant écrit, n'a rien de semblable aux révolutions des autres peuples, qui avaient toutes un but ; la nôtre n'en eut jamais.

Que voulait le peuple français en 1789?... Sous le spécieux prétexte de deux nouveaux impôts, quelques intrigants subalternes, soudoyés par un grand intrigant, lui crièrent : aux armes ! le peuple s'arma, et pourquoi ? pour saper, dans leurs fondements, les bases de son bonheur et de sa tranquillité. Quelques mois après, ses impôts furent doublés.

Que voulait le peuple français en 1792?.... D'autres intrigants, plus scélérats que les premiers, le firent gémir sur des horreurs inconnues jusqu'alors, et lui donnèrent des chiffons pour son numéraire et pour les produits de son industrie.

En 1796, de nouveaux intrigants, moins sanguinaires, mais plus voleurs, dilapidèrent la fortune publique.

En 1800, il parut un homme qui, à l'aide des intrigants de toutes les époques, profita du sang et des sueurs des Français. Aujourd'hui, il est terrassé, sa famille est errante et vagabonde ; mais les intrigants sont toujours là. C'est en vain que la justice divine paraît s'être apaisée, puisqu'elle nous a rendu l'objet de tous nos vœux, l'auguste famille qui nous gouverna si doucement pendant tant de siècles ; une fatalité sans exemple nous fait encore craindre que ces mêmes intrigants, dont la soif de gouverner sera toujours inextinguible, après avoir mis la France sur l'extrême bord du précipice, ne parviennent à l'y plonger entièrement. *Hâtons-nous donc de finir la révolution, si nous ne voulons pas que les intrigants révolutionnaires nous achèvent.*

CHAPITRE II

M. L'EX-COMTE CARNOT

Qu'on ne s'attende pas à trouver ici une réfutation de son dernier pamphlet ; je crois que Dieu, dans sa juste colère, l'a frappé d'un esprit de vertige, et que, pensant se créer des moyens de défense, guidé par ce même esprit, il a tout simplement rédigé son acte d'accusation.

Vous savez bien, monsieur Carnot, vous qui êtes membre de l'Institut, que Cicéron se plaignait à Catilina de ce qu'il abusait de la patience du sénat; vous savez aussi que ces mêmes sénateurs ne voulaient plus être le jouet des fureurs de cet intrigant audacieux. Eh bien ! Monsieur Carnot, appliquez-vous, de notre part, le fameux *quousque* ; nous ne voulons plus, nous Français, de vos vertus modestes; ne nous parlez plus, je vous en conjure, de votre amour pour les sciences, de la douceur de vos mœurs, de votre mépris pour les grandeurs de ce monde, et surtout de la paix de votre conscience.

La paix de ta conscience ! ! ! ! ! ! Lie de la révolution, assassin en 1793 (1), voleur en 1796, plat valet de l'usurpateur en 1813 et 1815, que nous veux-tu encore ! Va, porte au loin tes vertus et ta rage, tu ne gouverneras plus. Le deuil et la misère, dont tes crimes ont couvert la France, livreront ta mémoire à l'exécration des siècles à venir ; va, laisse-nous : et si ne pas gouverner est pour toi le plus affreux des tourments, que, pour toute vengeance, Dieu t'inflige une longue vie, traînée dans l'oubli général.

Toi, des mœurs douces ! ! ! toi, la conscience pure ! ! ! Avais-tu des mœurs douces, quand, associé aux anthropophages de ton comité, tu envoyais à l'échafaud ton roi, le plus vertueux des monarques ?.. Avais-tu la conscience pure, quand tu signas l'arrêt de mort des vierges de Verdun????

Toi, modeste ! ! ! ! toi, désintéressé ! ! ! ! Etais-tu modeste, quand, affublé de la pourpre directo-

Nous dirons une fois pour toutes, à propos de la notice sur M. Carnot, que le lecteur a à se défier de la passion avec laquelle ce volume est écrit. L'auteur, royaliste fanatique, s'est laissé aller à des exagérations et à des brutalités de langage incroyables, qui ne peuvent, la plupart du temps, atteindre la mémoire des personnes contre lesquelles il les dirige.

riale, tu te pavanais sottement au Luxembourg, et tranchais du petit souverain???? Etais-tu désintéressé, quand, avec tes collègues Barras, Merlin et consorts, vous vous partagiez la fortune publique, en livrant les marchés à celui qui vous donnait les plus forts pots-de-vin???... Ah ! si, plus hypocrite que les autres, tu n'as pas mis en évidence tout le fruit de tes concussions, ce n'est pas ton désintéressement que tu nous as prouvé, c'est ta prévoyance.

Toi, républicain ! !! Etais-tu républicain, quand tu acceptais le titre de comte que te donnait Buonaparte, qui, par ton secours, venait asservir de nouveau notre malheureuse patrie, et qui joignait à ce titre quelques centaines de mille francs pour déterminer ta modestie et ton désintéressement à accepter le portefeuille de l'intérieur??? L'estime des gens de bien te console, dis-tu, dans ta retraite? Ah ! pour cette fois, tu te contentes de peu : car les honnêtes gens qui t'estiment, s'il en est, sont à coup sûr en petit nombre, si toutefois encore... Mais est-il possible d'être homme de bien et d'estimer Carnot ?

Je te devais ces vérités. Crie à la calomnie, si tu l'oses ; la France entière jugera.

CHAPITRE III

M. BORY-SAINT-VINCENT

Lecteur, avez-vous assisté, dans les premiers jours du mois de juillet dernier, à quelques-unes des séances de cette fameuse assemblée, présidée par M. le comte Lanjuinais, que le *caveant consules* épouvante? Vous y eussiez connu M. Bory-Saint-Vincent. C'est là le théâtre de ses premières armes d'éloquence et de législation. M. Carnot, qui, s'il n'est pas un grand homme, le croit cependant bien, a pénétré M. Bory-Saint-Vincent de tant de vénération et d'estime, que celui-ci n'a cru pouvoir mieux faire que de prendre le modeste ex-membre du comité de salut public, ex-directeur, ex-général, ex-tribun, ex-ministre de la guerre, ex-ministre de l'intérieur, ex-membre de la commission provisoire, ex-comte, ex, ex, etc., pour modèle.

Si quelque puriste, à courte haleine, se trouvait choqué de l'éloignement du dernier membre de ma phrase, qu'il s'en prenne à la modestie de M. Carnot. Mais, revenons à nos loups (en bonne conscience, je ne peux pas appeler ces gens-là des moutons), M. Bory-Saint-Vincent, justement porté, comme M. Carnot, sur une liste de fauteurs de troubles anarchiques, tendant à renverser le gouvernement légitime, a fait paraître une justification ; et, comme son maître, il s'empresse de nous parler de ses vertus, de son goût pour les sciences, de sa modestie ; mais aussi, comme son maître, il se hâte d'accuser ceux qui l'accusent ; et par une audace inouie, au lieu d'implorer l'excessive clémence du monarque, il brave sa justice, et finit ironiquement par lui offrir ses services.

Avec la même audace, M. Bory-Saint-Vincent nous apprend qu'il tient à l'honneur de partager la proscription d'un grand homme, et ce prétendu grand homme n'est autre que l'ex-maréchal *Soult*, ce militaire de foimentie.

Mais, monsieur Bory, y pensiez-vous, quand vous offrîtes vos services au monarque, à Louis XVIII, à un Bourbon ?... et les gardes du corps dont Sa Majesté est environnée, ces gardes que le 7 juillet *vous avez vus dans Paris, vus, de vos propres yeux vus ; et quand un colonel comme vous dit qu'il a vu, c'est qu'il a bien vu.* Ce sont vos mêmes expressions, je n'y ajoute rien ; le *Moniteur* est là. Comment voulez-vous donc que ce bon prince accepte vos services? Ces gardes du corps, dont la vue d'un seul vous épouvante, environneront toujours la personne sacrée du monarque, à moins que vous ne prétendiez remplacer, à vous seul, ces loyaux et braves serviteurs; je doute que Sa Majesté daigne y consentir, surtout quand elle apprendra que vous avez été à l'école de l'honneur et de la fidélité chez *Soult*.

Retenez bien, si vous le pouvez, ce que je vais vous dire, M. l'ex-colonel, l'ex-legislateur, etc. Désormais, des bottes à talons bruyants, les rubans de Buonaparte, deux épaulettes, la tête haute, le regard impudent, le ton brusque et tranchant, ne suffiront point à un homme de votre trempe pour arriver aux premières places de l'Etat. A Buonaparte, de tels serviteurs devaient convenir; mais à Louis XVIII, souverain légitime, sage, éclairé et surtout honnête homme, il en faut d'autres, monsieur Bory, et vous me permettrez de douter, d'après la formation de ses chambres, de son ministère, de sa maison et de sa garde, que le tour de vos pareils revienne de longtemps.

Vous nous dites que vous êtes trop jeune pour avoir pu prendre part aux horreurs de la révolution; votre conduite au dernier club de jacobins, *présidé par M. Lanjuinais*, nous prouverait cependant que vous aviez quelques regrets d'être venu trop tard, puisque nous ne vous y vîmes voter que comme les Barrère, les Merlin, les Cambon, les Garat et autres du même acabit (le *Moniteur* est là). Si, plus modeste, vous fussiez resté dans la foule, vous jouiriez aujourd'hui de l'inépuisable clémence du monarque qui ne veut que la conversion du pécheur, mais à qui le bonheur et la tranquillité de son peuple commandent une juste sévérité à l'égard de ceux dont l'amendement est jugé impossible ; et je crains que, par votre sotte justification, vous ne vous soyez rangé dans cette dernière classe. Allez, monsieur, allez faire oublier votre petite célébrité, et, si vous m'en croyez, que ce ne soit point dans les *vendées* prétendues patriotiques que vous nous avez prédites ; moi qui ne suis point un grand sorcier, je vous prédis que leur durée sera courte. Gare la bombe.

CHAPITRE IV

M. BOUVIER-DUMOLARD

M. Bouvier-Dumolard est un élève des grands faiseurs Defermont, Regnault, Boulay. C'est à l'école de ce fameux conseil d'État qu'il se forma dans l'art de l'administration. Il y puisa, non un ardent amour pour les idées libérales, mais une obéissance passive et servile à toutes les passions du maître ; c'est ce qui lui valut de ne pas végéter longtemps en sous-ordre, et d'arriver d'un vol rapide à la préfecture du Tarn. Instruit, de bonne heure, au métier de la chicane et de l'astuce, il trouva les moyens de faire succomber M. de Beauchamp dans une lutte où le bon droit était du côté de ce dernier ; mais les apparences, au moyen d'une soustraction de pièces, mirent la justice dans la nécessité de prononcer en faveur de l'ex-préfet. Écoutez M. Bouvier-Dumolard ; il vous dira que le retour de Buonaparte ne fut point préparé à Paris ;

que ni lui, ni Étienne, ni Hortense, ni Harel, ni Maret, n'y eurent aucune part ; et si vous le pressiez un peu, il chercherait à vous prouver que ce fut la famille des Bourbons qui le rappela ; à la vérité, il vous le prouverait, comme Carnot vous a prouvé que les émigrés firent périr l'infortuné Louis XVI.

L'usurpateur envahit le château des Tuileries à neuf heures du soir ; le lendemain matin, à la même heure, M. Bouvier-Dumolard partait préfet de Nancy, juste récompense de tant de services.

L'empereur ne put donner beaucoup d'argent au nouveau préfet de la Meurthe, mais le malin sut s'en procurer en jouant un tour de passe-passe à son maître. Il se fit voler aux portes de Nancy, et par une vaste nomenclature des effets ou bijoux qu'il prétendait lui avoir été pris, nomenclature que les journaux d'alors nous transmirent d'un ton vraiment piteux, il mit le sensible Napoléon dans la nécessité de lui ordonnancer quelques milliers de francs qui n'ont vraisemblablement point été portés sur le budget. On assure que le vacillant empereur ne fut cependant pas tout à fait la dupe ; dans une conversation d'épanchement avec Brutus Regnault, il lui reprocha l'espièglerie de son élève. Ils en rirent ensemble. Aussi M. Bouvier-Dumolard s'acquitta-t-il de ses devoirs en conscience ; dans son ardeur napoléonique, il voulait armer toutes les cuisinières de Nancy pour maintenir Buonaparte aux Tuileries et rester ainsi lui-même au palais de la préfecture. Jugeant sa cause perdue, il vint se réfugier à petit bruit dans le sein de ses collègues Bory, Barrère, etc. Je le vis à cette époque, et je lui fis l'honneur de le croire bourrelé du remords d'avoir appelé ce fléau sur sa patrie : je me trompais.

Et notre bon roi, dont les lumières et la sagesse ne peuvent être révoquées en doute, ne veut pas se laisser persuader qu'il ne saurait avoir de ministre plus dévoué que M. Carnot, de général plus fidèle que Bory-Saint-Vincent, et de préfet plus zélé et plus intègre que M. Bouvier-Dumolard ! c'est étonnant. Cependant ces messieurs demeurent bien convaincus que la France ne se relèvera jamais, s'ils ne gouvernent un peu. M. Bouvier-Dumolard, votre linge (pour me servir de l'expression choisie de votre ancien maître), votre linge, dis-je, ne me paraît pas aussi sale que celui de vos collègues; ne le mêlez pas, si vous m'en croyez, et vous vous en trouverez bien.

CHAPITRE V

LES BOURBONS N'ONT RIEN APPRIS

S'il était possible de pouvoir mettre sous les yeux des lecteurs toutes les sottises que les adhérents de Buonaparte ont débitées durant et avant l'interrègne, on serait honteux de faire partie d'un peuple qui ne sut pas tirer une prompte et éclatante vengeance de tant d'horreurs et de perfidies : ils imprimèrent et répandirent jusqu'à satiété que depuis vingt-cinq ans la famille des Bourbons *n'avait rien appris, rien oublié.* Eh! misérables, que vouliez-vous qu'apprît cette auguste et malheureuse famille? A quelle école auriez-vous désiré qu'elle allât pour s'instruire? De quels exemples, de quelles lumières vouliez-vous qu'elle profitât? Est-ce l'assemblée constituante qui aurait pu lui apprendre quelque chose? Elle ne fit que préparer les démolitions de notre édifice social que détruisirent de fond en comble ses horribles successeurs. Est-ce au comité de salut public que vous auriez voulu envoyer nos jeunes princes, pour y terminer leurs études? Qu'en pensez-vous, M. Carnot? Si vous les eussiez tenus à cette époque, à coup sûr, ils ne vous gêneraient pas aujourd'hui. Ah! je devine : c'est auprès de Buonaparte, de Savary, de Caulaincourt, qu'il eût fallu les envoyer, en 1804, pour faire leur cours d'idées libérales, sous Vérat. Malheureusement pour vous, la loyauté et la reconnaissance de Caulaincourt ne purent mettre alors à votre disposition que le jeune et brave duc d'Enghien; aussi vous empressâtes-vous de lui apprendre que l'on peut, avec juste raison, mépriser la vie, quand on se voit au pouvoir de pareils êtres. Et vous avez le front de parler! et vous osez écrire!!!

Notre bon roi, après vingt-un ans de larmes les plus amères, s'empresse-t-il de rendre aux mânes d'un frère chéri les devoirs que commandent la nature, la piété, l'honneur et la religion... *Bah! Louis XVIII n'a rien appris.*

Madame, cet ange de piété, de douceur, de résignation, va-t-elle pleurer sur le tombeau d'une mère adorée, d'un frère chéri ou d'une tante bien-aimée! *Son Altesse Royale n'a rien oublié.*

Ne veut-elle pas souffrir la présence des assassins

de son vertueux père! *Son Altesse Royale n'a rien appris.*

Son Altesse Royale, le modèle de toutes les vertus, refuse-t-elle d'admettre dans son intimité Hortense Beauharnais : Eh! vite : *les Bourbons n'ont rien appris.*

Ames d'enfer!!! Les Bourbons ont appris que les annales les plus reculées n'offrent rien de comparable à la férocité et à l'immoralité de tous les hommes qui, pendant ces vingt-cinq années de désolation, nous ont fait gémir sous leur pouvoir destructeur; ils l'ont appris et veulent bien l'oublier. Ils ont appris, à l'école du malheur, à nous conserver ces vertus héréditaires qui sont leur plus bel ornement. Ils ont appris à souffrir avec cette pieuse résignation qui caractérise le sage et l'élève au-dessus du vulgaire; ils ont appris à pleurer sur le long égarement de la partie de ce bon peuple que vous entraînâtes dans le crime, et ils croiront n'avoir plus rien à apprendre quand ils l'auront rendue à la nature, à la morale et à la religion.

CHAPITRE VI

LES ARMÉES FRANÇAISES

Depuis 1792, la France a toujours entretenu des armées sur le pied de guerre ; ces armées, travaillées en tous sens par les intrigants de tous les partis, servirent bien plus souvent la cause des agitateurs que celle de la patrie. La postérité, qui les jugera, trouvera peut-être leur justification dans l'oubli général de cette même patrie chez tous le gouvernants qui, depuis 1792 jusqu'à ce jour, se sont disputé ou partagé le pouvoir. Trompées sur le sort de leur malheureux pays, nos armées n'en conservèrent pas moins un caractère national qui, mieux dirigé, nous eût ramené quinze ans plus tôt le bonheur et la paix avec la famille désirée. Il était réservé à l'usurpateur de changer ce beau caractère de nos armées, et de faire des braves soldats français autant d'esclaves vendus à sa personne, et fauteurs de ces envahissements funestes dont nous portons aujourd'hui la trop douloureuse peine.

Anciens généraux français qui me lisez, de quelle vraie gloire ne vous fussiez-vous pas couverts, si, au moment où l'audacieux transfuge venait chercher un trône en récompense de son abandon de l'armée d'Égypte, un sage conseil militaire lui eût fait trouver la mort ignominieuse des déserteurs ; et si vous rangeant alors sous la bannière de cette brave et loyale Vendée, inaltérable dans sa fidélité, vous eussiez rendu à la France (déjà éclairée sur la véritable valeur de tous ces grands mots, *liberté*, *égalité*), les Bourbons, la paix et le bonheur !

Dieu (1), qui juge et afflige les peuples et les rois, réservait à l'Europe ces quinze années de désastres : aux rois, pour les punir de leur mésintelligence dans la cause de l'infortuné Louis XVI, qui était la leur à tous ; et à nous, pour avoir lâchement souffert qu'une poignée de brigands, de factieux, inondât la France de sang et de larmes.

Soldats ! les intrigants qui vous crient aujourd'hui que l'honneur du nom français est avili, auraient eu bien meilleure grâce à vous le dire, à Saragosse, à Rome, à Berlin, à Naples, à Vienne, à

(1) Discours de M. Lainé.

Hambourg, à Amsterdam, à Moscou, à Madrid, à Lisbonne, où, sans motif légitime, vous portâtes la mort, le pillage et la flamme, et où vous contractâtes, sans vous en douter, l'obligation de faire, quelques années après, commettre les mêmes horreurs dans votre patrie, dans vos propres familles. Soldats, pleurez, pleurez avec nous sur d'odieuses victoires, dont les fruits sont si amers; prouvez à l'Europe qui vous contemple, que vos fautes furent celles des intrigants dont la France se débarrasse aujourd'hui ; prouvez à votre roi, ce bon père, qui ne cessa de vous chérir, que, mieux guidés, vous n'eussiez jamais abandonné la bannière de l'honneur et de la fidélité.

La paix, cette paix que, par votre défection, l'on nous fait payer si cher, ramènera plusieurs d'entre vous dans le sein de leurs familles; vous y entendrez vos mères et vos sœurs vous reprocher doucement les larmes qu'elles versent aujourd'hui; que vos embrassements et votre repentir en adoucissent l'amertume. Dites-leur, pour les consoler, que, guidés par de fausses idées de gloire, vous suivîtes l'étendard de l'ambitieux, mais que vous n'eussiez point prodigué votre sang si vous aviez pu penser qu'on vous le faisait répandre pour l'asservissement de votre patrie.

Écoutez vos pères, ils vous apprendront que la famille des Bourbons est étrangère au mensonge, qu'elle est française de tout cœur comme de toute origine; qu'elle n'est mue et dominée que par un seul sentiment, l'amour des Français. Soldats! votre roi légitime et la France entière ont les yeux sur vous, bien déterminés à se débarrasser aussi de tous ceux qui resteraient inaccessibles au repentir et au véritable honneur.

CHAPITRE VII

LES PUISSANCES ÉTRANGÈRES

La révolution française, mieux jugée par les rois de l'Europe, aurait dû les amener tous à nos portes au commencement de 1792. Par cette sainte coalition ils eussent épargné bien des maux à leurs peuples et de grands crimes à la France. Le cercle étroit que je me suis tracé dans cet ouvrage et surtout les circonstances m'empêchent d'analyser ici les motifs de leur dissidence à cette époque funeste. L'historien fidèle, qu'aucune crainte ne doit retenir, dira la vérité, afin que nos malheurs épouvantent les générations futures, et pour que les rois, instruits par l'expérience, n'oublient jamais qu'ils se doivent réciproquement un secours prompt, unanime et *désintéressé*, quand l'immoralité et la dépravation attaquent leurs peuples. Une sage politique le leur conseille et l'humanité le leur commande.

Cette coalition générale, que les malheurs de la France et les vertus de l'infortuné Louis XVI ne purent obtenir, le Corse la força en portant le fer et la flamme dans toutes les capitales de l'Europe.

Effrayées des ravages de ce volcan, dont la lave entraînait les empires, les puissances sentaient le besoin de se réunir. Pour cette fois, l'alliance fut sincère, l'accord unanime et la victoire certaine : l'envahisseur fut détrôné. Les rois alliés, n'écoutant que les vœux des Français, rappelèrent au trône de saint Louis les seuls héritiers légitimes, les petits-fils d'Henri IV. Satisfaits de leur ouvrage, ces magnanimes souverains quittèrent la France et leur auguste allié, emportant avec eux, pour tout butin, l'admiration générale et les bénédictions de ce grand peuple auxquels ils venaient de rendre le bonheur et la paix.

Par une imprévoyance fatale, l'asile qu'on assigna à l'usurpateur déchu, trop voisin de la France, facilita les criminels desseins de ses agents. Il osa reparaître sur une terre qui commençait à jouir des bienfaits de sa chute ; et bien loin d'y trouver la mort due à tous ses crimes, la plus honteuse défection et le plus lâche silence le reportèrent au trône.

Les rois, que de sages résolutions pour la paix des peuples retenaient encore à Vienne, en apprenant cette affreuse nouvelle, mus par les mêmes sentiments qui avaient dicté leur alliance, marchèrent contre lui et le terrassèrent de nouveau.

Un traité solennel garantissait aux Bourbons le trône de leurs ancêtres; les rois y replacèrent à la vérité ce sage monarque Louis XVIII, *leur allié*. Mais Dieu, qui ne laisse rien d'impuni, voulant frapper le peuple français du plus grand châtiment, en expiation de la défection de l'armée et du silence de ce même peuple, Dieu, dans sa colère, retira la magnanimité dont, quelques mois auparavant, il avait doué les souverains..... L'histoire, l'impartiale histoire, dira le reste... et la postérité jugera.

CHAPITRE VIII

LA GLOIRE DU NOM FRANÇAIS

O France! ô ma patrie! ta gloire, ton antique gloire est perdue, s'écrient aujourd'hui quelques hommes qui sentent la proie s'échapper de leurs mains. Le nom français est avili, disent-ils : Bayard, Henri, Louis, d'Assas, Colbert, Sully, Condé, Turenne, le souvenir de vos vertus, de vos hauts faits, est anéanti. France, tu ne compteras plus parmi les grandes nations, Carnot n'est plus ministre, et Bory-Saint-Vincent ne sera jamais cordon bleu. Voilà pourtant ce que répètent tous les jours à quelques hommes égarés ces mêmes intrigants, fauteurs de toutes nos misères. — N'était-elle pas grande en **1792**, n'était-elle pas puissante, cette France, lorsqu'elle passa sous votre domination? n'avait-elle pas une marine formidable, ouvrage de ce bon Louis XVI et déscspoir de nos voisins? Qu'en avez-vous fait de cette marine, Carnot, Barras,

Decrès, Cambacérès, et vous tous gouvernants révolutionnaires? Répondez : vous avez fait périr sur l'échafaud ses meilleurs officiers, orgueil du nom français, rivaux des Nelson, des Smith; et vous avez livré à l'Angleterre, non-seulement nos vaisseaux, mais ceux de la Hollande et de l'Espagne ; vous lui avez vendu nos colonies, dont la possession d'une seule valait plus à la France, que ne lui valurent jamais les conquêtes ruineuses de votre maître, de celui à qui vous répétiez lâchement tous les jours qu'il éclipsait la renommée des Alexandre, des César, des Trajan, des Titus, des Henri.

Où était la grandeur de cette même France, quand, à l'apogée de la prétendue gloire de ce faux grand homme, comptant les départements français depuis Hambourg jusqu'à Rome, vous nous donniez des betteraves pour du sucre, et vous laissiez mourir de la fièvre les malades qui encombraient les hôpitaux, faute d'un peu de quinquina pour les guérir?

Quel fut alors l'homme doué du sens commun qui ne jugea que tôt ou tard nous payerions ce vaste accroissement de territoire, nul pour notre gloire, par les horreurs et les exactions que vous y fites commettre ; nul pour nos intérêts particuliers puisque vous ne nous en fites pas moins payer treize ou quatorze cent millions d'impôts tous les ans ; nul pour la paix et le bonheur de la France, puisque votre conscription, *chef-d'œuvre de l'entendement humain*, nous moissonna de plus belle ; mais, à la vérité, profitable, et très-profitable à vous, messieurs les millionnaires du jour, à votre clique et à la famille du ..... (1).

Et parce que vous ne serez plus rien, parce que nous allons y mettre bon ordre, parce que nous allons redevenir nous-mêmes, c'est-à-dire Français, comme au temps du bon Henri et de Louis le Grand, notre gloire serait avilie!!!! Oh! que non, messieurs, restez vils, vous autres, *concedo :* aussi bien, changeriez-vous difficilement aujourd'hui; mais laissez-nous l'orgueil, le juste orgueil de penser que les puissances étrangères, que vous avez appelées sur notre malheureuse patrie, nous rendent la justice de croire fermement, que si elles ne se fussent présentées comme nos alliés, nous ramenant un monarque adoré et sa famille chérie, *la France serait encore vierge de leur présence.*

(1) L'expression nous paraît trop forte pour pouvoir la reproduire.

CHAPITRE IX

L'IMPOT DE GUERRE

Il paraît certain aujourd'hui que c'est à l'exorbitante somme de sept cent millions de nos francs que les puissances étrangères alliées entre elles ont réduit la contribution de guerre dont elles sont convenues de frapper la France en se retirant.

Des officiers supérieurs des armées alliées assurent que cette somme, quelque énorme qu'elle soit, est encore moindre que celle que Bonaparte leva sur leurs pays pendant plusieurs années. J'ignore jusqu'à quel point leur assertion, à cet égard, peut être fondée. Ce qui me porterait, cependant, à la croire assez juste, c'est la grande quantité de dépôts, de ces mêmes sommes levées en pays étranger, que fit le Corse entre les mains de ses adhérents. Ces dépôts existent en nature. J'ai contracté, par cet ouvrage, l'obligation de prouver, jusques à l'évidence, quels sont les détenteurs de ces divers dépôts, qui, réunis, formeront la presque totalité de la somme dont les puissances étrangères demandent indistinctement aujourd'hui la restitution à tous les Français.

La charte, ce bienfait de notre sage monarque, vont s'écrier ces mêmes adhérents, la charte prescrit l'égale répartition des impôts. Doucement, doucement, messieurs, nous la respecterons toujours et avec plus de franchise que vous, cette charte derrière laquelle vous vous retranchez aujourd'hui. Oui : la charte ordonne une égale répartition des impôts ; mais la charte ne dit point que les receleurs d'un vol ne seront point tenus à restitution, surtout quand ces mêmes receleurs seront trouvés nantis des objets volés ; et voilà positivement le cas où vous êtes. Buonaparte, à l'aide de vos manœuvres, a été à Berlin, à Vienne, à Moscou, dans l'Hanovre, prendre, par le seul droit, *nominor quia leo*, des sommes considérables qu'il vous a partagées, aujourd'hui les puissances étrangères viennent et disent à la France : *et nos hodiè leones :* rendez-nous nos sept cent millions : que faire ? Il faut les rendre. Les Français qui savent tous que vous êtes les dépositaires de cette énorme quantité d'argent, supplient humblement Sa Majesté de ne pas faire peser sur eux la restitution des sommes qu'ils n'ont pas touchées, et que l'on sait être en d'autres mains. Les malheurs qui affligent la France sont de nature à ne permettre aucune hésitation sur cet acte d'éternelle justice. Les chambres et le ministère de Sa Majesté sentiront que, dans cette circonstance, la dénomination de ***restitution de guerre*** est la seule qui convienne à la somme que nous demandent aujourd'hui les puissances étrangères ; que cette dénomination, la seule admissible, calmera bien des craintes et rendra plus supportables les autres malheurs qui nous oppriment.

CHAPITRE X

LA SPOLIATION DU MUSÉE

Abordons la question. Ces objets précieux dont la réunion étonnait l'Europe, cet ***Apollon du Belvedère***, cette *Vénus de Médicis*, ce *Laocoon;* ces ***Rubens***, ces *Michel-Ange;* comment les avions-nous acquis ? De quel droit se trouvaient-ils rassemblés dans le musée de Paris ? S'il m'en souvient bien, le canon nous les apporta, c'est le canon qui les emporte. Qu'avez-vous à dire ?

Soldats, ne perdez pas de la mémoire que c'est votre honteuse défection qui nous les enlève, ces monuments éternels des beaux-arts ! ! ! On nous les avait laissés, nous en jouissions en paix quand, parjures à vos serments, vous vous rangeâtes sous les aigles du Corse qui venait les faire reprendre.

Il ne nous reste donc de toutes vos brillantes conquêtes que sept cent millions à payer, et si les dépositaires de cette somme étaient d'aussi bonne foi que le gardien du musée, notre bon roi ne se verrait pas dans la dure nécessité d'imposer à ses fidèles sujets la restitution de ce qu'ils n'ont pas reçu.

Je conçois l'affliction des artistes qui ont vu partir ces modèles inimitables autour desquels ils venaient puiser de si utiles leçons ; mais pour quelques douleurs vraies, bien senties, combien de fausses ! combien de perfides ! ! Ecoutez ces factieux, ces fédérés, guidés par l'or des Hortense, des Maret, etc. Entendez-les s'apitoyer sur l'enlèvement de *la Vénus de Mézici;* du *Lacon*, de *l'Apolon du Bleviner*. Si vous fussiez entrés avec eux dans le musée quand ces objets y étaient réunis, et que vous leur eussiez demandé la Vénus de Médicis, ils vous auraient montré Diane ; pour le Laocoon, ils vous eussent fait voir Pan ; et pour Adonis, Vulcain.

Et toi, mauvais peintre de paravents, toi que j'ai été chercher, ces jours passés, pour venir me barbouiller une porte ; réponds : pourquoi ne voulus-tu pas traverser le Louvre ? Pourquoi, à la vue du musée, roulas-tu des yeux à la Talma, et me fis-tu rétrograder en détournant la tête comme frappé de stupeur, en me disant : « Ah ! monsieur, je ne « saurais passer par ici ; nous nous sommes fait une « loi, entre artistes, de ne plus jeter les yeux sur

« cette salle de douleur ; cela fait trop de mal ? » Dis, malheureux, quelle analogie peut-il y avoir entre les arts et toi? Entre l'Apollon du Belvédère et tes bons hommes auxquels tu fais des têtes comme des boules, et des jambes comme des cotterets? Va, misérable, tu ne barbouilleras plus mes portes..... Oui, je ne crains pas de le dire ; ces grands rassemblements que nous avons vus dans les environs du Musée, lors de l'enlèvement de ces mêmes objets, ne renfermaient pas vingt individus de bonne foi dans l'expression de leur douleur.

A vous, braves militaires, qui, dans vos nombreuses campagnes, n'eûtes jamais en vue que la gloire, qui êtes restés fidèles à la foi que vous aviez jurée à votre roi légitime, à vous seuls, je dirai : « Votre gloire n'a souffert aucune atteinte dans ces « temps de douleurs, puisqu'il est vrai qu'il a fallu « tous les canons de l'Europe pour venir reprendre « ce que les seuls canons français avaient pris. »

CHAPITRE XI

BIOGRAPHIE DES FORTUNES RÉVOLUTIONNAIRES ET COLOSSALES ACQUISES DANS L'EXERCICE DES FONCTIONS PUBLIQUES OU DANS LES FOURNITURES, DEPUIS 1792 JUSQU'A NOS JOURS.

Avant d'entrer en matière sur un chapitre qui va faire crier tant de gens, je dois prévenir le public que dans la longue nomenclature des personnes enrichies, il en est beaucoup qui n'ont d'autre tort que celui d'être énormément riches par le fait de Buonaparte, et de ne pas venir au-devant des besoins pressants de la patrie ; je ne prétends point les confondre d'opinion et d'actions avec les autres enrichis, fauteurs de nos troubles actuels. Assurément la France distinguera MM. Talleyrand, Fouché, Masséna, des Savary, Maret, Caulaincourt, Hortense, etc. ; mais elle devra les confondre, et les confondra effectivement, quant à l'énormité et à la source des fortunes. J'ai cru devoir faire ici ma profession de foi sur des hommes d'Etat qui, s'ils ont fait de grandes fautes, les ont atténuées par de grands services, et une conduite que l'on dit irréprochable dans ces derniers temps. Mes articles, à leur égard, ne porteront que sur l'immense différence qui existe entre la fortune qu'ils avaient à l'époque où ils prirent le timon des affaires, sous le Corse, et celle dont ils jouissent aujourd'hui. Je me permettrai seulement de leur faire observer qu'il eût été plus honorable pour eux de ne pas attendre que la nation, que le monarque, prononçassent, tranchons le mot, sur l'illégitimité de ces mêmes fortunes.

Quant aux autres (les pervers incorrigibles), à tous les motifs péremptoires qui exigent impérieusement la rentrée de tous les dépôts faits par l'usurpateur, pour pouvoir opérer la restitution demandée par ces puissances étrangères, *hodiè leones*, à tous les motifs se joint la grande raison d'Etat, celle de mettre ces mêmes incorrigibles dans l'impossibilité de continuer leurs manœuvres désorganisatrices. Je tiendrai sur leur compte tout ce que j'ai promis dans ma préface ; je les nommerai, et je frapperai fort et juste. Commençons.

CHAPITRE XII

HORTENSE BEAUHARNAIS

Le plus pervers des incorrigibles.

Hortense Beauharnais naquit d'un père ingrat et d'une mère de mœurs faciles. La postérité qui apprendra que M. de Beauharnais, comblé de biens et d'honneurs par la famille de Louis XVI, abandonna et osa dénigrer cette même famille quand elle fut malheureuse ; la postérité trouvera peut-être le juste et terrible châtiment de M. de Beauharnais dans la mort que lui firent subir les scélérats auxquels, par son ingratitude, il venait de frayer le chemin du pouvoir.

La mère d'Hortense, veuve de M. de Beauharnais, n'existe plus ; je me tairai. La France sait par quelles voies elle partagea le trône de Buonaparte. Parvenue à ce degré d'élévation auquel jamais elle n'eût dû s'attendre, Joséphine oublia ses actions et pratiqua quelques vertus; la France, dans ces temps calamiteux, lui dut quelques horreurs de moins. La France n'oubliera jamais que lors de l'attentat horrible commis sur l'infortuné prince Bourbon-d'Enghien, elle se fit traîner d'une salle à l'autre, attachée aux genoux de son époux, pour obtenir de lui la révocation de l'arrêt de ce jeune prince.

Vous fûtes témoin de cette scène, Hortense, et vous demeurâtes insensible.

Élevée dans une de ces maisons où l'on s'attache à former de grandes coquettes plutôt que de bonnes mères de famille, Hortense sortit de chez madame Campan pour faire son entrée dans le monde, à peu près vers l'époque où le transfuge d'Égypte venait s'asseoir sur le trône. . . . .

. . . .

Vous qui vécûtes dans l'intimité de cette famille, vous, Cambacérès, Fouché, Regnault, Decrès, dites si je calomnie, si je ne frappe pas juste. . . .

. . . .

Il fallut un trône à la fille de Joséphine; eh! vite! la guerre à la Hollande, la conscription, les impôts; tout fut mis en œuvre. Le sang français coula de nouveau... Et pour qui? grand Dieu!...

Hortense fut reine... Soldats, braves soldats français, est-ce là de la gloire ? . . . .

. . . .

Le débonnaire Louis Buonaparte s'aperçut, quand il n'était plus temps, qu'il avait fait ce que Duroc et tant d'autres avaient refusé. Indigné, il se sépara de sa femme. Des raisons que je ne connais pas la lui firent reprendre.

Je dois à la louange de Joséphine de dire ici que le souvenir de l'ingratitude de son premier époux envers la malheureuse famille des Bourbons dont elle-même avait occupé la place, la connaissance du caractère de sa fille, les horreurs ou passées ou présentes, tant de sentiments divers ne pouvant se concilier dans son cœur, la sensible et repentante Joséphine mourut presque subitement, nous laissant, hélas! sa fille qui, huit jours après la mort de sa mère, travaillait déjà au retour de son beau-père.

Vous, fidèles amis du roi, vous, anciens serviteurs qui environnez le trône, comment vous déterminâtes-vous à voir une femme d'autant plus à craindre, d'autant plus à éviter, que, plus astucieuse, elle cachait sa perfidie sous les grâces du bon ton et de la douceur? Moins confiants, il vous eût été facile de savoir comment elle parlait de l'auguste famille et de vous, aussitôt que vous aviez quitté sa demeure. Comment ne vous aperçûtes-vous pas que, quand vous prononciez devant elle le nom vénéré de Son Altesse Royale Madame la duchesse d'Angoulême, un sourire forcé peignait dans tous ses traits le malaise qu'elle éprouvait ?

Quels ne durent point être vos regrets quand vous apprîtes que, principalement à elle, nous devions le retour de l'empereur, la défection de l'armée, le départ de notre bon monarque et de sa famille chérie, enfin tous les maux qui nous affligent aujourd'hui ?... Je vous rends justice, messieurs, je suis convaincu que votre douleur dut alors surpasser votre imprévoyance.

J'arrive à ce 20 mars, à cette affreuse journée qu'il faudrait arracher du souvenir de toute âme honnête. . . . .

. . . .

L'effervescence des premiers moments passée, il fallut penser à se maintenir sur ce trône dont tout présageait la nouvelle et dernière chute. Rien ne fut épargné : séductions pour les uns, dignités pour les autres, argent pour tous. Que de soins inutiles pour faire taire dans le cœur des Français cet amour des Bourbons si légitime, si naturel, quand on compare les nobles vertus des uns avec les vices des autres ! Hortense écrivit à un jeune prince d'Allemagne, ministre de son maître; elle l'engageait de maintenir le cher beau-père sur le trône, en faisant déclarer l'Autriche pour lui; la femme de Murat écrivit dans les mêmes termes, et par le même souvenir; la femme Borghèse en fit autant. La mère Lœtitia n'écrivit point. Le jeune prince sourit de pitié à la lecture des tendres billets.

Hortense, ne sachant plus comment s'y prendre pour faire passer dans le cœur des Français la haine qu'elle portait à cette famille que notre amour appelait à grands cris, imagina de faire ouvrir une caverne au bout du Palais-Royal. La salle Montansier devint un club de jacobins cent fois plus hideux que ne l'avait jamais été l'ancien de ce nom, présidé par Billaud de Varennes. Qu'on interpelle ce misérable Pradelles, on saura de lui que les choses qui y furent proférées étaient toutes de la facture d'Hortense, d'Étienne, de Maret, de Fain, etc. . . . .
. . . .

La journée de Waterloo, où tant de braves trouvèrent la mort en expiation de leur funeste égarement, et où le Corse chercha la vie dans la fuite pour venir humblement se mettre à la disposition de ses ennemis, cette journée dispersa tous nos intrigants. Dans le peu de moments qui restaient, sa famille s'occupa de se partager l'or que quelque temps auparavant l'on avait extrait du trésor public pour le mettre dans des chariots portant ces mots : *Trésor de l'armée.* J'ai vu moi-même ces chariots sur la place des Victoires, et ils n'ont jamais pu arriver à leur destination ; disons mieux, ils n'ont jamais quitté Paris.

Hortense, munie de bons passeports, que ses anciens amis s'empressèrent de lui délivrer ; Hortense, la rage dans le cœur, sortit de Paris, après avoir mis en sûreté sa fortune que plusieurs banquiers connaissent, et que l'un d'entre eux évalue à trente-deux millions de revenu.

« Dieu qui la connaissez,
« Est-ce donc sa vertu que vous récompensez. »

Français ! de sa superbe terre de Pregny, en Suisse, Hortense vous crie ; « Payez, payez, malheureux, restituez aux Allemands, aux Russes, « aux Prussiens, les sept cent millions qu'on leur « prit, et que nous nous sommes partagés avec nos « adhérents. Je n'aurai, dans ma brillante retraite, « d'autre consolation que vos larmes et vos souffrances. »

En 1796, Joséphine n'avait pas trente mille francs de dot à donner à sa fille ; Hortense possède aujourd'hui la valeur de quarante millions ; et sept cent millions à rendre pèsent sur la France !!!!!

CHAPITRE XIII

M. CAMBACÉRÈS

Grand révolutionnaire. Grand napoléonien. Amendé (on le dit); mais pour sûr bien enrichi.

M. Cambacérès, simple conseiller à la cour des aides de Montpellier, fut nommé député à la première législature, et confirmé conventionnel par son département. Comme je n'écris point l'histoire de la révolution, mais bien celle des fortunes révolutionnaires, je me hâterai de dire que M. Cambacérès fut tour à tour membre des fameux comités, ministre, consul et enfin archi-chancelier. Buonaparte lui confia, pendant quinze ans, un million et demi, deux millions par an, pour représenter, d'une manière convenable, le premier grand dignitaire de l'Empire. L'ex-prince s'en acquitta à la satisfaction générale de ceux qui eurent le bonheur de dîner chez lui. Comme on peut fort bien dîner tous les jours de l'année, sans pour ce fait dépenser quinze ou dix-huit cent mille francs par an, il est resté à l'ex-Altesse de quoi se former, pour ses vieux jours, un modeste revenu de huit à neuf cent mille francs. A la vérité, il faut déduire du capital seize mille francs que M. Cambacérès s'est empressé de payer pour sa quote-part de l'impôt levé sur la ville de Paris, empressement que l'ex-prince n'a pas manqué de faire consigner dans les journaux.

On assure que le retour de l'usurpateur n'eut pas l'assentiment de l'archi-chancelier, qui prévoyait sans doute que tout cela finirait mal pour la clique : aussi le vit-on presque toujours malade pendant l'interrègne. Forcé d'acheter une voiture neuve pour aller rendre visite à Lucien qui venait d'arriver tout exprès pour remplir ses bottes, M. Cambacérès, descendant de chez Canino, malgré tous les honneurs dont il était affublé, M. Cambacérès, pâle et blème, porté dans sa voiture par deux énormes laquais, n'en ressemblait pas moins à un patient qu'on conduit au supplice.

Au demeurant, M. Cambacérès est arrivé à Paris, jouissant pour toute fortune d'un revenu de sept à huit mille francs au plus; M. Cambacérès possède aujourd'hui de quinze à vingt millions, et sept cent millions pèseraient sur la totalité des Français !!!!!

CHAPITRE XIV

M. FOUCHÉ, DUC D'OTRANTE

Grand révolutionnaire. D'énormes fautes. De grands services. Amendé? Je l'ignore. Avec les hommes qui ne se laissent pas deviner, il faut attendre, et se tenir sur ses gardes.

Quand M. Fouché arriva dans nos assemblées, il sortait d'une communauté de prêtres savants. La fatale célébrité qu'il a acquise dans notre révolution a porté son nom jusque dans le plus petit hameau de la France ; je n'écris ici que l'histoire de sa fortune. Il n'avait pas deux mille francs de revenu quand il vint à Paris : aujourd'hui il assure à la jeune épouse qu'il prend un douaire de deux millions. Les diverses missions qu'il a remplies pendant la Révolution, les grandes places qu'il a toujours eues sous Buonaparte, tout porte à croire que ce n'est pas sans motif que les banquiers, que les agents de change de Paris l'ont surnommé le second capitaliste de France. (J'aurai bientôt occasion de parler du premier.) Je dois dire ici que, pour l'évaluation des fortunes, il n'existe pas de boussole plus sûre que la Bourse de Paris. Si M. Fouché, qu'on ne devine pas facilement, a mis en évidence assez de valeurs pour acquérir le surnom de grand capitaliste de France, à coup sûr on ne connaît pas tout. Les frères Perrin, fermiers des jeux, assuraient dans le temps lui avoir payé pendant plusieurs années, outre le prix de la ferme, trois mille francs par jour pour la continuation de sa bienveillance. Les jeux ne sont qu'un des mille canaux qui venaient former l'immense rivière de fonds qu'avait à sa disposition le ministre de la police sous Buonaparte consul et empereur. La plus chétive conspiration ourdie dans le cabinet du ministre faisait trembler le soi-disant empereur sur son trône, et lorsque M. Fouché venait annoncer qu'elle était déjouée, l'usurpateur signait aveuglément tout ce qu'on voulait; dans ce cas, les dépenses, quelque énormes qu'elles fussent, ne le trouvaient jamais récalcitrant. D'ailleurs il avait son conseil d'Etat pour imaginer les impôts, son très-humble sénat pour les octroyer, et ses plus que débonnaires Français pour les payer.

Si l'on joint, au grand maniement de fonds qu'avait alors M. Fouché, la connaissance des secrets du gouvernement qui, pour son intérêt particulier, jouait à la *hausse ou à la baisse de la fortune des citoyens*, l'on ne sera point étonné que la voix publique donne aujourd'hui trente millions de capital à M. le duc d'Otrante.

Daignez, M. le duc, ne pas oublier dans votre retraite que les puissances étrangères demandent à la France sept cent millions et que ce n'est pas nous (vingt-quatre millions neuf cent mille petits individus) qui les avons.

Il serait à désirer que l'histoire de M. Fouché se bornât à l'interrègne; la finesse avec laquelle il passe pour avoir, pendant ces trois mois, fait avorter les mesures de l'usurpateur et de ses adhérents est un titre à la reconnaissance des Français et de leur monarque légitime qui lui en a donné la plus grande preuve possible. L'histoire dira un jour tout ce qu'il fut.

CHAPITRE XV

LE PRINCE TALLEYRAND

Grand homme d'État, le premier capitaliste de la France, passant pour l'homme le plus adroit de son siècle.

M. Talleyrand-Périgord, évêque d'Autun en 1789, guidé par cette grande finesse qu'on lui attribue, jugea d'un coup d'œil l'irrévocable déconfiture du clergé; il l'abandonna et oncques n'y a pensé depuis. Sans commettre de ces grandes fautes qui caractérisent ses collègues en millions, il a traversé nos vingt-cinq années d'orage presque toujours dans les grandes dignités, à l'exception de l'horrible époque de 1793, à laquelle il fut encore assez adroit pour se soustraire. Le portefeuille des relations extérieures, qu'il garda si longtemps sous le Directoire, sous les consuls, et sous Buonaparte, le mit à même de jouer à coup sûr, à toutes les époques de paix ou de guerre, sur ces mêmes fonds publics dont les variations, ruineuses pour les particuliers, ne manquaient jamais d'enrichir l'homme d'État qui les provoquait. J'ai promis la vérité, je la dirai tout entière. Oui, prince, chaque million dont à ce jeu vous avez grossi votre fortune, a réduit cent familles à la misère ; et la voix publique vous dit riche de plus de quarante millions, car vous passez, à la Bourse de Paris, pour avoir plus de trois millions de revenu, et avant la révolution, vous n'aviez pas, en sus du produit de votre évêché, six mille francs de rente.

Prince, vous êtes né d'une caste où presque toujours l'amour des Bourbons s'inoculait avec le sang ; vous ne la démentirez pas. Vous aiderez efficacement notre bon roi à fermer les plaies de l'État. Les puissances étrangères nous demandent aujourd'hui sept cent millions, nos campagnes sont ravagées, leurs malheureux habitants sans asile, la famille royale gémit et vous donne un grand exemple à suivre. Je ne vous dis pas de vous reporter à 1789, ce ne serait ni juste ni convenable ; mais ne rejetez pas tout à fait cette époque de votre mémoire, les sacrifices vous paraîtront moins pénibles, si toutefois on peut appeler sacrifice un acte de toute justice.

CHAPITRE XVI

LE MARÉCHAL AUGEREAU

Grand révolutionnaire. Amendé? on le dit. Fortune colossale. Bravoure à toute épreuve. Conduite irréprochable dans ces derniers temps.

Le maréchal Augereau est un enfant de Paris, né d'honnêtes et pauvres parents qu'il eut le bon esprit de ne point méconnaître quand la révolution l'eut enrichi. Si j'écrivais sa vie, je lui reprocherais la part trop active qu'il prit à plusieurs de nos désastres révolutionnaires. Mais, encore une fois, tous ces messieurs sont du domaine de l'histoire ; attendons. Ce qu'il nous importe aujourd'hui de bien connaître, c'est leurs intentions actuelles et leur fortune.

Celle de M. le maréchal, avant l'expédition d'Égypte, était déjà passée en proverbe parmi les soldats, qui, lorsqu'ils voulaient exprimer que telle

4

chose n'était pas d'une excessive valeur, au lieu de se servir du dicton usité : *Ce n'est pas le Pérou,* disaient : *Ce n'est pas le caisson d'Augereau.* Au commencement de la révolution, M. le maréchal était simple soldat; en 1793, il était général de division, commandant un corps d'armée au camp de Tolose, dans les Pyrénées-Orientales. La rapidité de son avancement étonnera moins quand on saura que les grands événements le trouvèrent toujours debout. Buonaparte, dont il ne voulait pas épouser la cause au 18 brumaire, l'emporta par ses bienfaits et ses promesses; il abandonna les farouches républicains, et vint se ranger, comme beaucoup d'autres, sous l'étendard de l'usurpateur. Des millions et le bâton de maréchal récompensèrent tant de services, et j'avouerai franchement que si Buonaparte n'avait pas été, à l'aide de ces messieurs, prendre chez les puissances étrangères les sept cent millions qu'elles nous demandent aujourd'hui, je ne contesterais pas la légitimité de ces mêmes fortunes. Mais, malheureusement, les guerres furent injustes, et les résultats de ces guerres ont ruiné la France et enrichi quelques hommes qui ne resteront pas sourds aux gémissements de leur malheureuse patrie, et qui n'attendront pas un appel direct pour venir à son secours.

L'abdication de l'usurpateur ayant délié le maréchal de tout engagement avec lui, le 20 mars l'a trouvé fidèle au serment qu'il avait prêté à son roi légitime, et les injures vomies par le Corse sont à M. le maréchal un brevet d'honneur et de fidélité pour cette époque. On parle néanmoins d'une certaine proclamation faite à Caen pendant l'interrègne, je n'y crois pas, puisque Sa Majesté a daigné maintenir M. le maréchal dans ses augustes fonction .

CHAPITRE XVIII

LE MARÉCHAL MASSÉNA

Grand révolutionnaire. Brave comme son épée. Riche comme Crésus. Amendé? l'expliquera qui pourra.

Le maréchal Masséna, presque aussi riche que M. de Talleyrand, était, en 1789, sergent dans un régiment d'infanterie française, et quelque magnifiques que fussent les châteaux en Espagne qu'il faisait alors, assurément il ne conçut jamais l'espoir d'avoir un jour deux millions de revenu. Les premières années de notre révolution le virent échanger ses galons de sergent contre deux épaulettes étoilées, et les grands événements le trouvèrent, comme son collègue Augereau, debout et sans peur. De tous nos généraux, c'est le plus riche. La gloire qu'il a acquise pendant vingt-trois ans trouvera sa place dans les annales militaires. Surnommé le favori de la victoire, le maréchal fut un des plus vaillants coopérateurs de toutes ces éblouissantes conquêtes dont les résultats sont si pénibles. Il fut, osons le dire, l'ordonnateur de ces impôts de guerre que, par le droit du plus fort, on nous redemande aujourd'hui. Si M. le maréchal me disait : C'est à la pointe de mon épée que j'ai acquis cette fortune, je prendrais la liberté de lu répondre que c'est à la pointe de la leur que les puissances étrangères viennent redemander ce que ces messieurs leur ont pris. Je lui dirais : Ces conquêtes attestaient votre valeur, celle de deux millions de braves Français qui méritaient de mourir pour une plus belle cause ; mais elles n'attestent pas la légitimité de vos fortunes. Et puisqu'il faut absolument que nous rendions aujourd'hui tout ce que vous avez pris : villes, statues, tableaux, argent, etc., les villes, les statues, les tableaux, sont déjà rendus ; il ne reste plus que l'argent ; rendez-le, vous qui l'avez pris et qui le possédez.

M. le maréchal, né à Nice en Savoie, a sollicité de notre monarque la faveur d'être naturalisé Français ; il l'a obtenue, je ne dirai pas pour prix de ses services, mais au souvenir de ses exploits. M. le maréchal connaît les malheurs de sa patrie adoptive. La moitié des immenses richesses qu'il possède, offerte aux besoins pressants de cette même patrie, purifierait et anoblirait l'autre moitié ; et pour cette fois, M. le maréchal pourrait s'écrier avec raison : J'ai servi la France !

CHAPITRE XVIII

M. LE MARÉCHAL DAVOUST

Grand Napoléonien. Grand enrichi. Grand leveur d'impôts en pays étranger. Tourmenté, comme son collègue Carnot, du besoin d'être quelque chose ; et, n'en déplaise à M. Lanjuinais, *caveant consules.*

La voix publique et la Bourse de Paris rangent M. Davoust dans la classe des grandissimes capitalistes, et le font marcher de pair avec les millionnaires Talleyrand et Fouché. Les Hambourgeois, et les habitants des villes hanséatiques, le disent le plus riche particulier du continent. Quoi qu'il en soit, M. Davoust, un peu plus, un peu moins, est énormément riche ; et généralement toute sa fortune est le résultat d'impôts levés chez les puissances étrangères.

Quand l'usurpateur s'échappa de l'île d'Elbe pour venir une seconde fois inonder la France de sang, de misère et de larmes, M. Davoust était encore sous le poids d'une accusation grave d'oppression et de forfaiture ; et bien loin de se conduire, à cette époque, de manière à dissiper les soupçons qui planaient sur sa tête, il les justifia tous, en arborant un des premiers l'étendard de la révolte. Le 21 mars, il était ministre de la guerre, calculant froidement, avec le modeste Carnot, les moyens à employer pour faire égorger toutes les gardes nationales du royaume, et cela pour se maintenir quelques heures de plus dans l'exercice d'un pouvoir qui doit être bien attrayant pour eux, puisque rien ne leur a jamais coûté pour y arriver. Trompé par le malin duc d'Otrante, alors président de la commission du gouvernement, M. Davoust, dans les derniers jours de juin, hésita longtemps avant de consentir à entamer la négociation qui renvoya son armée au delà de la Loire. Honneur des maréchaux de France, braves et loyaux Macdonald, Oudinot, comment vous reçut cet énergumène, lorsque vous fûtes le trouver dans son camp, pour sauver à votre patrie, à votre roi, le dernier des malheurs ? Ah ! si la capitale, si l'asile des fils de Henri IV, n'a pas éprouvé les horreurs d'un siége, grâces vous en soient rendues. Vous bravâtes sa colère, lorsqu'il menaça de vous faire fusiller à la tête du camp ; et vous parvintes enfin, en lui montrant l'immineuce du danger, tant pour lui que pour les siens, à le déterminer à cette retraite que les circonstances commandaient si impérieusement.

Je ne dis plus qu'un mot. Les puissances étrangères nous imposent aujourd'hui sept cent millions, par le même droit que M. Davoust exerça dans leurs pays, il y a quelques années. M. Davoust, plein de vie et de santé, est nanti d'une partie de ces mêmes millions qu'il a imposés lui-même; et les paysans de la Bretagne, les habitants de nos campagnes dévastées, le paisible petit marchand de la rue Saint-Denis, seraient obligés de restituer entre eux cet argent que M. Davoust garderait???... Oh! c'est trop fort : c'est au-dessus de toute conception.

CHAPITRE XIX

M. LE COMTE DARU

Homme d'État. Littérateur distingué. Napoléonien bien amendé, bien enrichi, ayant néanmoins traversé la révolution en honnête homme. Les ministres des puissances lui reprochent de grandes vexations commises ou ordonnées par lui, dans leur pays, de par et pour l'usurpateur.

En 1789, M. Daru était commissaire des guerres à Montpellier, en survivance de son père, vieilli dans le même emploi, et qui, pour tout héritage, légua à ses enfants sa place, peu de fortune et une juste réputation d'honneur et de probité. Longtemps après les horreurs de 1793, M. Daru vint à Paris ; ses talents le firent bientôt distinguer. Ce fut sous le ministre Pétiet qu'il entra dans l'administration de la guerre, d'où il ne sortit qu'à la chute de Buonaparte. Je ne sache pas que la France ait d'autres torts à lui reprocher que celui d'avoir été trop fidèle exécuteur des volontés du Corse dans les pays conquis. Les maux qui nous accablent aujourd'hui doivent être d'autant plus sensibles pour M. Daru, que les ministres des puissances étrangères désignent les impôts dont ils nous frappent sous le nom de *représailles.*

Le 20 mars, d'exécrable mémoire, a trouvé M. Daru inflexible ; il a constamment refusé l'intendance de l'armée dont l'usurpateur voulait, à toute force, le charger de nouveau.

Quelque grandes qu'aient été les erreurs qu'a commises M. Daru, il serait à désirer que la France n'eût jamais eu de plus grand coupable, elle ne gémirait pas sur tant de crimes. Je finis : la voix publique donne à M. Daru de cinq à six cent mille francs de rente. En 1789, il ne possédait pas cent mille francs de capital. Des torts à faire oublier, la patrie à secourir, ne trouveront pas, j'en suis certain, M. Daru inaccessible ; il entendra la voix de son roi légitime lui criant : « Aidez-moi à faire le bonheur de la France. » Par son empressement à répondre à cet honorable appel, M. Daru justifiera qu'il a vraiment hérité de l'honneur, de la probité et du véritable patriotisme de son père.

CHAPITRE XX

M. CHAPTAL (DIT COMTE DE CHANTELOUP)

Grand révolutionnaire. Grand Napoléonien. Grand enrichi. Bien travaillé de la manie d'être quelque chose. Amendé? *Nescio.*

M. Chaptal, tout à la fois chimiste et négociant à Montpellier, épousa la révolution à son aurore. Un état honorable, une fortune de quinze à vingt mille francs de rente ne suffirent point à son immodeste ambition. Il eût, à cette époque, tout sacrifié pour la suprême dignité de représentant du peuple, qu'il ne put jamais obtenir. Ses émules Cambon et Cambacérès l'emportèrent ; il fallut céder et attendre.

Il dut, en 1793, se ranger du côté des honnêtes gens de Montpellier, qui se liguèrent avec ceux de Bordeaux, de Lyon et de Marseille, contre Robespierre et sa horde. Ces braves et honnêtes citoyens du Midi succombèrent dans cette lutte appelée *fédéralisme*. Le plus vertueux des magistrats, le plus honnête, le plus bienfaisant des hommes, M. Durand, maire de Montpellier, fut traîné à Paris pour y mourir sur le glorieux échafaud de Louis XVI, de Malesherbes. Son digne cousin, M. Durand-Fajon, siége aujourd'hui dans l'honorable assemblée de nos députés. Il apporta pour brevet de bourbonisme vingt-cinq ans de probité sans tache, et les éclats de bombe dont le misérable Gilli a gratifié sa maison dans le mois de juin dernier. Je reviens à M. Chaptal, qui, dès qu'il s'aperçut que le parti de Robespierre avait le dessus, se hâta d'abandonner les honnêtes gens de Montpellier, et vint se ranger à Paris du côté des révolutionnaires, qu'il n'a plus quittés depuis. Tourmenté, comme tant d'autres, de ce besoin de faire parler de soi, il écrivit sur la chimie, pas tout à fait comme Lavoisier, ni comme Fourcroi, mais enfin il fit des livres qui sont là, et que le théophilanthrope la Réveillère, alors directeur, récompensa du fauteuil de l'Institut, si ardemment convoité. M. Chaptal, nommé membre de l'Académie des sciences, ne s'arrêta pas en si beau chemin ; il conçut l'espoir d'arriver bien plus haut. L'apparition du transfuge d'Egypte favorisa ses projets. Il se rapprocha de son compatriote Cambacérès, devenu second consul. Les courbettes ne furent point ménagées; il sollicita la protection de l'Altesse, que quelques jours auparavant il traitait comme son égal. Ce dernier, en reconnaissance de tant d'humiliation et de preuves du plus profond respect, parla de lui au souverain premier consul, qui promit de penser au chimiste. Le hasard combla ses vœux.

Un beau jour Lucien Bonaparte, alors ministre de l'intérieur, ne s'avise-t-il pas de jeter quelques assiettes à la figure de Sa Majesté son frère (Ah! maladroit Canino, pourquoi ne l'atteignis-tu pas à la tempe!) (1). « Eh! vite, qu'on enlève ce fratri-« cide de ma présence ; qu'il aille en Espagne, en « Portugal. Je le nomme mon ambassadeur auprès « de ces cours, je l'exile : second consul, vous me « chercherez un ministre de l'intérieur. — Sire, « dit Cambacérès, le chimiste Chaptal. — Bah! « vous croyez?... Il alambiquera. — Un autre fera « peut-être pis, dit le second consul. — Eh bien! « va pour le chimiste, je le nomme ; » et M. Chaptal reçut le portefeuille de l'intérieur. ***Honores mutant mores.*** Le nouveau ministre qui, pendant

(1) Cette scène de Lucien avec son frère est connue de toute la cour d'alors; Lucien, à son retour de l'ambassade, a montré, à qui a voulu les voir, des brillants sur papier, pour une somme énorme, qu'il a vendus à des Juifs.

quinze ans avait éte le plus fidèle des époux, s'imagina qu'un homme comme lui, qu'un grand seigneur du jour, devait avoir une maîtresse; il s'adressa à mademoiselle Bourgoing, du Théâtre-Français, qui, pour quelques milliers de louis, se chargea de déniaiser Son Excellence.

Ce fut sous le ministère de M. Chaptal qu'on joua la première représentation *d'Edouard en Ecosse*, en 1803. Je rapporte cette anecdote pour preuve de la mauvaise foi de tous les suppôts de l'usurpateur. Vous qui osez nous soutenir qu'il monta au trône par le vœu des Français, je vous interpelle : étaient-ce trois mille Turcs qui assistaient à cette représentation, ou trois mille bons Français qui, à ce fameux passage : *C'est le fils de vos rois qui vient vous demander un asile*, firent retentir la salle d'applaudissements si unanimes, et qui, les yeux baignés de larmes, eurent la noble audace de vous crier : *Rendez-nous notre Edouard, rendez-nous notre roi???* Je vous le demande, Cambacérès, Chaptal, Fouché? le vœu de ces Français appelait-il le Corse au trône ? C'était cependant le moment où vous vous prépariez à le couronner. Que fîtes-vous? Vous emprisonnâtes les uns, vous exilâtes les autres, furieux que vous étiez de ne pouvoir assouvir votre rage sur ce sexe aimable dont la constante fidélité à nos rois légitimes fait aujourd'hui votre honte et votre supplice. Je me trompe : une noble dame fut votre victime. Madame de Champcenetz expia par un glorieux exil, la courageuse hardiesse d'avoir osé, en fixant ses regards sur vous, MM. Chaptal et Cambacérès, s'écrier : *Oui, oui, rendez-nous notre roi! rendez-nous nos Bourbons!* Il me semble voir encore cette vertueuse Française, le corps à moitié hors de sa loge, vous montrer au doigt et vous désigner comme les fauteurs de l'absence de notre bon monarque. Je m'en souviendrai toujours, vous faisiez, M. Cambacérès, une fort sotte figure; vous dont la loge touchait précisément à celle de madame de Champcenetz; et vous, M. Chaptal, enfoncé dans la vôtre, vous vous rongiez les ongles. Y étais-je? Et il y a douze ans de cela! Voilà du vrai courage! voilà de l'héroïsme, de la fidélité, et surtout du véritable amour, ou il n'en existera jamais. Je ne peux pas mieux finir qu'en comparant cette représentation à l'une de celles que, l'année dernière, notre bon roi honora de sa présence. Même exaltation, mêmes transports. Oui, famille vertueuse et adorée, tandis que, dans les déserts de la Courlande, vous faisiez des vœux pour le bonheur de ce peuple, l'héritage de vos pères et le vôtre, vos fidèles sujets, les bons Français bravaient tout pour vous appeler ouvertement par l'expression du plus ardent amour.

Notre bon monarque daignera se rappeler que c'est à cette époque que, guidé par vos conseils, l'usurpateur osa lui offrir des millions pour abdiquer. Misérables, vous aviez donc jugé de son âme par la vôtre ?.....

Mandé à la barre du fameux conseil d'Etat pour y rendre compte des motifs qui l'avaient porté à autoriser la représentation de cette pièce, le ministre Chaptal s'en tira par une escobarderie. « Grand « seigneur, dit-il au consul, votre puissance m'a « paru si affermie, vos droits au trône de France « sont si légitimes, que je n'ai pas cru devoir m'ar- « rêter à ces petitesses. Le peuple français, d'ail- « leurs, doit apprendre qu'il faut que tout fléchisse « devant votre immortel génie. Le rejet de cette « pièce eût pu faire soupçonner des craintes, l'âme « du grand Napoléon peut-elle en concevoir (1)? « — Il a raison, dit le Corse : Second consul, vous « êtes une bête. Allez, chimiste, je vous continue : « vous m'avez bien jugé ; je n'ai pas peur ; qu'on « rejoue la pièce, j'irai la voir. » Il la vit effectivement le lendemain et la défendit. Les agents de la police, disséminés dans la salle, comprimèrent les

(1) A la plaisanterie près du mot *grand seigneur*, le discours que je fais tenir à M. Chaptal est textuel : le dialogue de Buonaparte et l'apostrophe à Cambacérès sont de toute vérité.

cris d'amour, mais non les applaudissements, qui furent si unanimes et si répétés à tous les traits qui portaient allusion, que, lorsque le préfet de police Dubois interrogea ses agents pour savoir quelles étaient ces personnes qui avaient applaudi à ces mots : *C'est le fils de vos Rois*, ils répondirent : « Toute la salle, monseigneur. —Excepté la loge du premier consul, dit l'un d'entre eux, où j'ai bien remarqué que personne n'applaudissait. »

Et le vœu des Français l'appelait au trône ! ! ! ! ! Fourbes insignes ! ! ! !.....

Le 20 mars trouva M. Chaptal disposé à seconder Bonaparte de tous ses moyens. Il envoya son fils siéger au club, présidé par M. le comte Lanjuinais, et le fit asseoir à côté des Barrère, Cambon, etc. Le Champ de Mai n'eut pas de plus valeureux champion que M. Chaptal le père ; et les mots (à la Nain jaune) *dynastie éteinte, famille qui n'a rien appris, urgence du retour du grand homme*, ne furent point ménagés dans le discours d'apparat qu'il prononça à la tête de dix-sept électeurs de Paris.

En somme, M. Chaptal ex-ministre, ex-sénateur, etc., est arrivé à Paris avec quinze ou vingt mille francs de rente; la bourse de Paris lui en donne trois fois autant, puisqu'on le dit riche de dix à douze millions. M. Chaptal sentira la nécessité de faire oublier qu'il a constamment servi l'usurpapateur : il s'empressera de venir enfin au secours de cette patrie, aux malheurs de laquelle il a, *peu* ou *prou*, toujours contribué.

CHAPITRE XIX

L'EX-COMTE REGNAULT

NÉ A SAINT-JEAN-D'ANGELY

Le Brutus du poltron.—Grand pervers.—Grand incorrigible. Grand enrichi.—Grand dissipateur.—Grand endetté.—Parti, dit-on, pour les États-Unis ; mais, fût-il encore plus loin, on ne saurait trop répéter (pardon, M. Lanjuinais), *caveant consules* !

Les Français n'auront-ils pas à se reprocher d'avoir monseigneurisé de pareilles personnes ? — Fils d'un huissier de campagne, Regnault étudia pour passer avocat ; il vint à Paris député aux Etats généraux. Perdu dans la foule, le 18 brumaire l'en tira. Il servit, aux Anciens, la cause de Buonaparte, et tous les cordons, toutes les dignités furent la récompense de toutes ses complaisances. Ambitieux de toutes les classes qui couriez après ces mêmes cordons, comment n'en fûtes-vous pas dégoûtés en les voyant suspendus à la boutonnière et au cou de Regnault ? Tous les quartiers de Paris retentissent encore de ses prouesses. Je ne citerai qu'une anecdote entre mille (1).

. . . .

. . . .

Quelques rapports bien mensongers, bien insidieux, dont les phrases, artistement arrangées, portaient le nom du Corse au dix-septième ciel, ouvraient les portes de l'Académie française à la bassesse titrée. Regnault, l'impudent Regnault, vint grossir le nombre des individus qui souillaient le sanctuaire des sciences. Pourquoi faut-il que la France gémisse aujourd'hui sur la faiblesse des savants vertueux qui s'avilirent au point de s'associer de pareils êtres ? Espérons que, débarrassés du joug honteux que leur avait imposé Buonaparte, ils sentiront la nécessité d'une épuration sévère. Les lettres et les sciences la réclament, et les mœurs la commandent.

Français, quelle ne doit point être notre honte

(1) Tout le passage supprimé est relatif à une affaire de collier qui ne nous a point paru très-véridique à cause de son invraisemblance en tous faits. Comme elle n'ajoute rien d'ailleurs à la portée du jugement formulé par l'auteur, nous n'avons pas cru nécessaire de la maintenir.

en pensant que nous avons souffert que des hommes tels qu'un Regnault nous répétassent tous les jours que la famille des Bourbons n'*avait rien appris*, qu'elle ne pouvait nous gouverner, que sa dynastie était éteinte! Ah! que désormais notre amour fasse oublier notre coupable silence! Livrons au seul mépris tous ces misérables, s'ils se tiennent éloignés de nous; mais que le glaive de la loi les frappe s'ils se rapprochent d'une terre dont le souvenir de leurs crimes et de leur bassesse les bannit à jamais.

Regnault, né à Saint-Jean, n'avait rien quand il vint à Paris. Malgré toutes ses déprédations, il lui reste de belles acquisitions dans son pays natal et dans les environs de la capitale; il emporte avec lui de grosses sommes; il laisse des dettes, beaucoup de vraies, mais beaucoup de feintes pour parer au coup, si par cas il arrive qu'on fasse justice de fortunes illégales.

Le *caveant consules* des ministres de notre bon roi me rassure sur les menées ultérieures de Regnault et consorts; ils trembleront à la lecture de ce palladium de notre tranquillité; et la jeune vigilance déjouera cette fois les complots de la vieille obstination. *Liceat, præses illustrissime.*

CHAPITRE XXII

CAULAINCOURT

EX-DUC DE VICENCE

Séide de l'usurpateur. Monstre d'ingratitude. — Assassin du jeune duc d'Enghien, qui était le bienfaiteur de sa famille. Riche à plusieurs millions. — Redoutant la présence des Bourbons, comme le hibou la vue du soleil. — Ah! *consules*, dans quels nouveaux dangers ne mettriez-vous pas notre pauvre France, si, n'écoutant que M. Lanjuinais, vous manquiez ici de ce *caveant* salutaire!

Caulaincourt est un de ces hommes auxquels Buonaparte, pour de l'argent ou des rubans, pouvait impunément commander tous les crimes. Ils étaient là pour lui obéir, sans jamais se permettre la moindre observation, le moindre geste improbateur. La France entière sait aujourd'hui qu'élevé dans le palais du prince de Condé, Caulaincourt dut à cette noble famille son éducation et son état;

la France n'oubliera jamais que ce même Caulaincourt, violant le droit des gens, arracha le jeune prince de son modeste asile et vint le faire assassiner sur le glacis de Vincennes. O honte des nations! Français, le lendemain de cette journée de si détestable souvenir, nous donnions à ce scélérat, les uns par crainte, les autres par bassesse, les noms de Monseigneur et d'Excellence. Grand Dieu! ne serait-il pas possible d'arracher quelques pages de notre histoire?... Et faudra-t-il que la postérité connaisse toute notre lâcheté.

Pour prix de tant de forfaits, Caulaincourt trouva la fortune qu'il cherchait. D'innombrables cordons vinrent chamarrer ses vêtements. De grands crachats désignèrent brillamment la place de son infâme cœur; et les millions, qui n'auraient dû sortir du trésor public que pour faire une guerre éternelle à tous ces misérables, leur furent prodigués pour les encourager à de nouveaux crimes.

Et voilà les hommes en faveur desquels on crie à la violation de la liberté individuelle, dès que le gouvernement veut prendre la moindre mesure pour les empêcher de nous replonger dans les mêmes horreurs! et les vieux sycophantes qui les défendent se targuent encore de leurs vingt ans de coopération à tant de désordres!

Tremblez, malheureux, craignez de tarir cette

source intarissable de clémence ! Si elle n'était plus qu'humaine, dès longtemps vous l'eussiez épuisée. Mais surnaturelle, mais léguée par un frère chéri que ses vertus et vos crimes conduisirent à la demeure céleste, elle ne peut, malheureusement pour la France, s'arrêter que par la volonté divine qui l'inspira. Tremblez, méchants ; Dieu, fatigué de votre audacieuse obstination et de votre criminel endurcissement, s'apprête à faire taire, dans le cœur de notre sage monarque, cet invincible penchant au pardon, à l'oubli des injures, et va vous livrer, si vous persistez encore, à toute la rigueur de sa justice indignée !

C'est à la Bourse de Londres que Caulaincourt faisait étaler, dernièrement et sans mystère, une légère partie de sa fortune. Un particulier connu fut chargé de lui acheter pour cent soixante-treize mille livres sterling de tiers consolidés, ce qui ne fait que la modique somme de quatre millions cent cinquante mille de nos francs. Joignez à cela trois ou quatre gros domaines, des châteaux, des hôtels, des fonds placés dans diverses maisons de Paris ; plus, deux millions en actions sur la Banque de France, et vous aurez, à peu de chose près, des notions certaines sur la totalité de cette fortune. Il paraît que les cent soixante-treize mille livres sterling de tiers consolidé qu'il a fait acheter à Londres, sont le résultat de ce qu'il obtint pour sa part lors du partage des fonds publics, la veille du départ du Corse pour Rochefort ; partage qui eut lieu entre la famille et les grands adhérents. M. Caulaincourt se propose, dès que les Chambres auront reconnu son innocence, sa loyauté et son attachement à la famille des Bourbons, de venir habiter paisiblement Paris, et, en bon Français, de contribuer aux charges de l'État, et s'il arrive qu'il soit taxé à la somme de seize mille francs, comme M. Cambacérès, il s'empressera de les payer, et ne manquera pas de nous en avertir par la voie des journaux.

CHAPITRE XXIII

MARET

EX-DUC DE BASSANO

Chef de file de la bande des pervers. Il marche tout de suite après le major-général Hortense.

Si des crimes inconnus à la terre paraissaient nécessaires à Maret pour arriver à son but, il les forgerait. Sa fortune va de pair en légitimité et en énormité avec celle des plus fameux enrichis ; mais bien adroit qui lui en arrachera un sou. Il renonce à la France jusqu'à ce qu'il puisse y revenir membre de quelque régence, n'importe pour qui, pourvu que ce ne soit pas pour un Bourbon ; et il espère bien, par ses talents diplomatiques, rendre cette époque beaucoup plus prochaine que nous ne croyons. Une petite contrariété le gêne ; d'abord c'est l'arrivée de monseigneur le duc de Richelieu au ministère des affaires étrangères, ensuite le renvoi de certains subalternes sur l'infidélité desquels il comptait un peu.

De bonne foi, M. Lanjuinais, vous qui vous opposez si fort à ce que nous nous tenions sur nos gardes contre les trames de ces braves gens, ne mériteriez-vous pas un peu que cette auguste assemblée, dont vous êtes membre au grand étonnement de toute la France, vous rejetât de son sein et vous renvoyât au milieu de vos frères et amis, de vos fédérés, que vous présidiez naguères, croasser et injurier tout à votre aise?

Je me suis écarté de mon sujet, mais cette digression est bien naturelle toutes les fois qu'on parle de grands scélérats, et qu'on trouve à la traverse M. Lanjuinais pour les défendre. Bref : Maret ex-Bassano a été l'âme de la conspiration qui nous a ramené tous les crimes et toutes les misères avec le Corse; Maret a reçu des millions pour ce service; la France est désolée, ruinée, obligée de payer ce qu'elle ne peut pas, ce qu'elle n'a pas; et Maret, bien tranquille dans quelque beau château, attend l'occasion favorable de venir, à l'aide de ses nombreux millions, fomenter la guerre civile, payer l'assassinat de notre bon roi, de nos princes, et se vanter après de ses talents diplomatiques. Il n'y a rien d'exagéré dans ce que j'avance; Maret n'a pas d'autre but. Et s'il n'y a rien d'apparent dans les menées de leurs affidés, ils n'en agissent pas moins.

Consules, n'écoutez pas M. Lanjuinais, *cavete, cavete, cavete.*

CHAPITRE XXIV

SAVARY

EX-ROVIGO

Je ne suis pas né méchant, mais en écrivant ce nom je me sens porté à faire un vœu, hélas ! tardif et inutile. Dieu ! que ne retirâtes-vous de cette terre de douleur la mère de cet homme lorsqu'elle était sur le point de lui donner le jour ! Que de crimes de moins pleurerait aujourd'hui l'humanité !

Toute la France connut dans le temps les motifs apparents qui portèrent Savary au ministère de la police, en remplacement de M. Fouché disgracié ; mais ce qu'une grande partie de la France ignore, c'est que pendant cinq ou six ans ce bon roi, cette famille chérie, ces Bourbons désirés que nous possédons aujourd'hui furent environnés des poignards des Savary, des Schulmeister, Bernard et autres personnes, et que ce n'est que par un miracle de la divine Providence, dont les impénétrables desseins firent avorter tant de crimes, qu'ils nous furent conservés.

Buonaparte, à qui le remords vengeur rougeait les entrailles au souvenir du forfait commis sur le jeune duc d'Enghien, imagina qu'il ne serait jamais tranquille s'il n'éteignait cette malheureuse famille, tourment de sa pensée. Il s'adressa à Fouché, qui préféra abandonner sa place plutôt que d'accroître ses fautes et ses remords. Sa disgrâce suivit de près son refus. Savary, content de pouvoir signaler son arrivée au ministère par un coup d'éclat de ce genre, promit à Buonaparte que dans peu il lui prouverait son zèle. Trois mois après, Louis XVIII, notre monarque légitime, le frère de Louis XVI, avait reçu une balle au front.

Réponds, Savary : qui dirigea ce plomb régicide ?... Tu le sais, toi, et Schulmeister et Bernard aussi le savent ! Le ciel permit que ce crime ne fût point consommé ; notre bon roi ne fut que légèrement blessé de l'atteinte, et ses fidèles serviteurs épouvantés, prirent toutes les mesures pour mettre en sûreté l'existence du père des Français. Savary, désespéré de la non-réussite, mais comptant bien être plus heureux une autre fois, s'emporta contre son émissaire, le gronda de sa maladresse, et lui paya les cinq cent mille francs promis. Les personnes qui connaissent Schulmeister assurent qu'il n'avait rien, et qu'un beau matin il lui tomba, comme des nues, une fortune considérable qu'il n'a jamais pris le soin de cacher. Sans avoir été dans la confidence, il est bien permis de penser que cette fortune subite fut le prix d'un grand crime; et comme on sait que le cabinet de Savary était l'atelier de toutes les scélératesses imaginables, il est encore conséquent de dire que les agents de ce même Savary furent les exécuteurs de ces mêmes scélératesses. Je ne répéterai point ici tout ce qui a été écrit sur cette bande..... que Savary a, pendant longtemps, entretenue en Angleterre, et dont Schulmeister et Bernard étaient les chefs.

Savary reçut du Corse les récompenses d'usage pour de pareils services; il fut, comme Caulaincourt, chamarré de rubans et chargé d'or.

Ministres de notre bon roi, je vous le demande : si Savary parvient à s'échapper des mains des Anglais, écouterez-vous M. Lanjuinais, et ne joindrez-vous pas, à tout le *caveant consules* de Rome, toute la vigilance que de braves et loyaux Français doivent apporter à la conservation des jours précieux de leur monarque chéri? Oui, tout me le dit, vous serez vigilants, vous surveillerez ces grands méchants, vous les mettrez dans l'impossibilité de commettre de nouveaux attentats, et malgré les cris séditieux du vieux radoteur, la France vous devra la tranquillité. N'oublions pas que Savary a sept à huit millions de fortune, que tel banquier de Paris, qui me lit peut-être en cet instant, est dépositaire de sommes énormes appartenant à ce même Savary ; et, chose incroyable et pourtant bien vraie, que la majeure partie des fonds de la banque des jeux appartient, au moment où j'écris, à Savary ex-Rovigo.

CHAPITRE XXV

ÉTIENNE, DIT CONAXA

GARNISAIRE A L'INSTITUT

Grand pervers. — Grand incorrigible. — Ame damnée de Savary et d'une autre personne. — Grand Nain jaune. — Grand indépendant. — Grand courrier. — Grand journal des arts, et surtout grand chansonnier du café Montansier, et (dussé-je assumer sur ma tête toute l'ire de M. Lanjuinais) *consules,* force *caveant.*

L'histoire dira à quel point était dégénérée l'Académie française lorsqu'elle se fit présider par cet individu ; moi, je vais tout bonnement raconter les petites menées et les grandes machinations qui le portèrent au fauteuil de Voltaire et à la suprême police des journaux.

Étienne vint à Paris à peu près vers l'an 1800.

Que faisait-il pour exister? je l'ignore. Dînait-il tous les jours? non. Le propriétaire d'un chétif café, dit de Flore, situé au Palais-Royal, galerie de pierre, à côté de la rue Montpensier, en sait là-dessus beaucoup plus long que moi ; s'il vit encore, il pourrait nous en apprendre de belles. Tant il y a que ce café était la réunion de petits auteurs qui, manquant de génie, manquaient aussi d'argent pour payer leur demi-tasse, puisqu'il est vrai que les crédits multipliés et les non-valeurs réduisirent la limonadière à plier bagage; MM. Étienne et Nanteuil le savent bien.

Le premier titre d'Étienne à la succession des Corneille, des Racine, des Voltaire, des Molière, etc., fut la moitié du *Pacha de Suresne*, pièce jouée au théâtre Louvois, et deux moitiés d'opéras-comiques joués à Feydeau. Vinrent ensuite des vers en l'honneur d'Hortense, Julie Clary, Henriette, Caroline et Élisa Buonaparte. Ces dames firent la réputation de notre savant, qui ne cessa de nous corner aux oreilles que Vénus, Psyché, Hébé, Junon, Minerve, étaient sans attraits, sans majesté, à côté de toutes ces incomparables princesses.

Son second titre au fauteuil, un modeste jésuite

le lui prêta, et mon coquin, digne élève de Savary, n'a jamais voulu le rendre.

Nos académiciens, déjà bourrelés de certaines adoptions mal sonnantes, se firent tirer l'oreille pour ajouter ce nouveau caillou du Rhin aux quelques vrais brillants qui leur restaient; mais un beau jour, le Corse signa lui-même un billet de logement pour l'Institut au voleur des ***Deux-Gendres***, et depuis il y est resté en garnison. Il fallut à cet académicien par ordre de quoi soutenir son nouvel état; eh vite! des actions sur plusieurs journaux, la grande main sur tous. Il devint le propagateur de ces maximes subversives de toute probité émanées du criminel cerveau de Savary. Tranchant, vindicatif comme ses maîtres, la moindre atteinte portée à son sot orgueil était punie d'une destruction totale. Combien d'estimables littérateurs gémissent encore des cruels traits de sa colère, les uns éloignés des places qui assuraient leur existence, les autres ruinés dans leurs entreprises! Pour prix de toutes ses espiègleries, Étienne obtint pour soixante mille francs d'emplois par an; les pourboires et les tours du bâton portèrent son revenu à cent cinquante mille francs. Vous l'avez dit vingt fois, M. Nanteuil, et plusieurs personnes qui vont habituellement chez Tortoni l'ont entendu comme moi.

En bonne conscience, M. Étienne, incorrigible dans son napoléonisme, n'est-il pas tenu à restitution d'argent envers la France et d'esprit envers l'auteur de *Conaxa?*

CHAPITRE XXVI

L'EX-MARÉCHAL SOULT

Militaire sans honneur. — Homme déloyal et de foi mentie comme beaucoup d'autres. — Enrichi par notre misère, et appelant sur sa tête la stricte exécution de cette sage loi, qui fait le tourment de l'ex-président de la jacobinière.

Vous demandez à être jugé, M. Soult? Il faut que vous ayez le *robur et æs triplex* d'Horace. Allez : vous n'en imposez à personne. Les braves Français du pays que vous habitez en ce moment, les bons Auvergnats, honorés depuis tant de siècles pour leur juste réputation d'hommes francs, esclaves de leur serment, de leur parole, vous ont prouvé, lors de votre passage, le mépris que vous leur inspiriez ; ils vous ont jugé, et la France entière a confirmé leur sentence : vous êtes et demeurerez un traître, un parjure. Ne vous targuez pas de votre valeur. Le moindre soldat de votre armée a bravé plus de dangers que vous, et n'a pas à se reprocher les mêmes crimes. ***La valeur n'est vertu qne quand elle accompagne toutes les autres.***

Vous voulez être jugé!..... Préparez bien la réponse que vous aurez à faire à vos juges, lorsqu'ils vous demanderont si un serment solennel et sacré vous liait à votre roi légitime, quand vous acceptâtes le titre de major de l'armée de l'usurpateur.

Rassurez-vous, M. Soult, on vous jugera, et plus tôt que vous voudriez, malgré votre jactance. Écoutez, écoutez les ministres de notre bon roi; ils vous crient, avec la France entière : ***Factieux de toutes les classes, vous fléchirez devant un gouvernement bien déterminé à ne point fléchir devant vous.***

Ils sont passés les temps où les Français couraient à la boucherie pour vous maintenir dans vos titres, dans vos énormes richesses. Ils sont passés ces cruels temps, et, grâces au ciel, ils ne reviendront plus. Vos richesses mal acquises, nous vous les ôterons, et nous mépriserons vos titres et vos dignités quand ils ne seront pas la récompense de toutes les vertus.

CHAPITRE XXVII

M. DE MONTALIVET

Le Corse et sa digne famille, voilà le Dieu et les saints de M. de Montalivet. — Grand enrichi et membre né du conseil de régence, dès que Maret, ex-Bassano, aura jugé convenable de le convoquer. — Amendé ? Non. Mais point turbulent ; il attend qu'on vienne lui annoncer qu'il est temps de reparaître.

M. de Montalivet sortit de la préfecture de Versailles en 1805, pour arriver au ministère de l'intérieur qu'il garda jusqu'en 1814, où s'établit, à Blois, ce fameux conseil de régence, et où, n'écoutant que son amour pour Buonaparte, il protesta contre les baïonnettes des puissances, et contre l'amour des Français pour Louis XVIII, leur roi légitime.

On assure que dans le moment même où M. de Montalivet rédigeait l'acte d'accusation des Français qui allaient au-devant de Son Altesse Royale Monsieur, Cambacérès, à la même table, écrivait son adhésion aux actes du gouvernement provisoire ; et que, lorsqu'il en donna connaissance à M. de Montalivet, celui-ci, tout ébahi, lui dit:

— Comment, archi-chancelier ! vous aussi, vous trahissez César ?

— Non, répond Cambacérès, je ne le trahis pas ; mais, c'est une affaire bâclée.

— Et qu'allons-nous devenir ?

— Talleyrand arrangera tout cela, dit l'archi-chancelier.

Ce qui fut dit fut fait. Ces messieurs revinrent à Paris jouir tranquillement de leurs millions, et se reposer à l'ombre... A l'ombre de quoi? de leurs lauriers ?

— Non, ils ne sont pas militaires.

— Eh bien ! de leurs vertus ?...

— Non : ils ne sont pas vertueux.

— Parlez donc : vous m'impatientez !

— Quoi ! Vous ne devinez pas ?

— Non, non, je ne sais pas deviner.

— Eh bien ! à l'ombre de leur conduite.

M. de Montalivet est un de ces hommes qui vous affirment, d'un ton doctoral, que la famille des Bourbons ne peut plus régner sur la France ; et cela, parce que la génération n'est plus la même. Elle a été vraiment si heureuse, cette génération, sous la république de Robespierre et de Carnot, sous le directoire de Barras et de Merlin, et sous l'empire du pacifique Buonaparte, qu'il est bien permis de croire, avec le profond M. de Montalivet, que les Bourbons ne sauront jamais la gouverner de même; et que ces vieilles maximes d'honneur, de morale et de religion qu'ils nous rapportent avec eux, contrasteront toujours avec les grandes conceptions des Savary, des Maret, Régnault, etc. Mais n'en déplaise à M. de Montalivet, toute la génération n'est pas changée, c'est-à-dire, pervertie. La partie mauvaise, incessamment comprimée par la partie saine, prouvera à M. de Montalivet et consorts, que la grande majorité de cette génération veut les Bourbons, et avec eux, la paix, la morale, toutes les vertus, l'honneur et la religion ; et non un conseil de régence au nom de je ne sais qui, présidé par Maret et compagnie, avec la guerre civile, la guerre étrangère, la dépravation, l'immoralité et le déshonneur que tous ces régenciers traînent à leur suite.

J'arrive à mon refrain ordinaire ; M. de Montalivet est riche de sept à huit millions, récompense des grands services rendus par lui à Buonaparte et à sa famille. Buonaparte prit dans les coffres de

Berlin et de Vienne tout l'argent qu'il donna à M. de Montalivet. D'innombrables commissaires de ces mêmes villes, munis des bruyants pouvoirs qu'avait Buonaparte quand il alla chez eux, viennent redemander leur argent ; rendez-le, M. de Montalivet, vous l'avez reçu.

CHAPITRE XXVIII

M. GAUDIN

DUC DE GAETE

Ministre des finances du Corse pendant douze ans. — Enrichi ? je vous le demande. — M. le duc de Gaëte a été membre de la Chambre des députés.

M. Gaudin, de simple employé dans les bureaux des finances, parvint au ministère qu'il a gardé quatorze ou quinze ans sous le Corse. La partie du trésor public lui échappa dès les premières années. Il importait à Buonaparte, bourreau d'hommes et d'argent, de débarrasser les coffres de l'État de tout le contentieux des finances ; à cet effet d'un ministère il en fit deux, et par ce moyen les espèces arrivèrent à la trésorerie débarrassées de toutes sortes d'entraves. M. le duc de Gaëte garda les chiffres, en fit tant et les arrangea si bien qu'il possède aujourd'hui des millions qui ne sont point hypothéqués sur les brouillards de la Seine. Tout porte à croire que M. Gaudin se conduisit, pendant ces quinze années, à la grande satisfaction du maître, puisqu'il ne fut jamais question de lui donner un successeur.

Le 20 mars trouva M. Gaudin reconnaissant de toutes les bontés qu'on avait eues pour lui; il s'empressa de témoigner au grand homme le plaisir que lui faisait éprouver son retour; il offrit ses services et reprit ses fonctions. Deux ou trois jours après, M. Gaudin, dans un fameux rapport, apprit à son maître et à toute la France que Louis XVIII s'était permis d'emporter les diamants de la couronne impériale. Il existe dans le *Moniteur* d'alors un certain procès-verbal de perquisition qui fera époque dans l'histoire.

Un particulier, témoin de la ridicule et scandaleuse scène que fit une dame au château des Tuileries, en accusant de mauvaise foi les Bourbons qui avaient osé s'approprier ces mêmes diamants sur lesquels elle avait jeté son dévolu, assure que M. Gaudin fut un des ministres les plus empressés à la consoler. Pauvres diamants! où seriez-vous à présent si notre bon roi ne vous eût mis à couvert de la rapacité de cette belle personne!

M. le duc de Gaëte est aujourd'hui membre de

la Chambre des députés. Il est à même de juger la nature des sentiments qui animent la presque totalité de ses collègues, et M. le duc n'a pas encore donné sa démission, *fiat !* Nous vivons dans le siècle des surprises. Pour peu que M. Gaudin tarde à se retirer, il aura bientôt à prononcer sur le sort de cinquante de ses anciens frères d'armes, tels que Maret, Regnault, Defermont, etc.

Il y a des paris considérables que M. le duc se déclarera incompétent pour cette affaire, à peu près par les mêmes motifs que MM. Masséna et Augereau à l'égard du maréchal Ney.

M. Gaudin devra prononcer incessamment aussi sur les moyens à employer pour arriver au payement des sommes énormes que nous demandent les puissances étrangères. Si M. le duc Gaudin n'a pas fait le sourd, il a déjà entendu la lecture de diverses adresses tendantes à faire payer les sept cent millions par les adhérents du Corse. M. Gaudin sait bien qu'en 1800 il n'avait pas des millions, des châteaux, des domaines et des hôtels ; M. Gaudin sait mieux que personne qu'il en a beaucoup aujourd'hui, et M. le duc de Gaëte saura qu'une reprise de ministère au 20 mars 1815, qu'un procès-verbal qui accuse l'auguste famille des Bourbons d'avoir fait un enlèvement de diamants, sont aux yeux de toute la France des actes d'une *adhérence* (1) servile à tous les derniers crimes de l'usurpateur.

(1) *Adhérence* nous paraît plus technique qu'*adhésion*.

CHAPITRE XXIX

M. DUBOIS

EX PRÉFET DE POLICE

Napoléonien de la création. — Grand préfet de la police du Corse pendant dix ans. — De grandes fautes. — Enrichi? jugez-le : il naquit procureur, et pendant la durée de son administration il a fait et défait sept à huit conspirations. — Oublié pendant quatre ou cinq ans, il a eu la maladresse de reparaître au 20 mars, et où, s'il vous plaît? à la fédération jacobite, présidée par M. le comte Lanjuinais, Dumolard, secrétaire; Barrère, Cambon, Merlin, Félix Lepelletier et Bory Saint-Vincent, orateurs. — M. Dubois est-il amendé? Il dit que oui. Nonobstant son assertion et les exclamations de M. Lanjuinais, *caveant consules!*

M. Dubois, procureur au Châtelet en 1789, juge au tribunal criminel dans les premières années de la révolution, ne parut sur la scène du grand monde que quelques mois après le 18 brumaire. Buonaparte, voulant mettre à la tête de la police de Paris un de ces hommes que rien n'épouvante, un de ces hommes qui ne reculent jamais quand on leur prescrit une mauvaise action, n'ayant pas

Savary sous la main, nomma Dubois préfet de cette même police. Cette nomination obtint l'assentiment du grand autocrate de toutes les polices, de M. Fouché, duc d'Otrante.

Aréna, Topino-Lebrun, l'explosion de la rue Saint-Nicaise, l'affaire de Georges Cadoudal, de Pichegru, de Moreau, prouvèrent à Buonaparte que ses intérêts ne pouvaient être placés en de meilleures mains. M. Dubois reçut de son maître des félicitations et des grâces bien méritées : et comme toutes ces conspirations, à découvrir ou à suivre, nécessitaient de grandes dépenses, que toutes ces dépenses étaient secrètes, M. Dubois, se rappelant son premier état, sut mettre à profit la générosité du Corse, qui, comme je l'ai déjà dit, devenait infatigable quand il avait peur; de manière que les comptes de pharmacien que présentait Dubois, en annonçant l'arrestation de quelque grand conspirateur, étaient signés sans le moindre examen et les fonds ordonnancés sur-le-champ. Il en est résulté pour l'ex-préfet de police des millions qu'il n'a pas mis dans un jour bien évident, mais qu'un très-proche parent a la complaisance de faire valoir à la Bourse aux époques les plus opportunes.

Fidèles amis des Bourbons, braves Vendéens, et vous bons royalistes de tous les départements, si vous pleurez un père, un frère, une épouse, un parent, un ami, dont vous ayez été privés depuis 1800 jusqu'en 1810, adressez-vous à Dubois : il sait comment ils ont péri, comment ils sont disparus. Voulez-vous enfin connaître tout le mérite de Dubois?... c'est lui qui forma Vérat.

Buonaparte, joignant l'ingratitude, oublia les innombrables preuves de dévouement que lui avait données Dubois ; il le renvoya parce que le feu avait pris à une gaze d'argent dans une salle de bal où il était. Et comme tout ce qui mettait en péril les jours de cette bénigne Majesté était à ses yeux une conspiration, le Corse fut inexorable, et Dubois dut s'estimer très-heureux de s'en tirer la vie sauve.

L'ex-préfet apporta dans sa retraite, non pas la paix d'une conscience sans reproche, mais la grande aisance qu'assurent des millions acquis n'importe comment. Il se fit oublier pendant quatre ou cinq ans, et n'a reparu qu'au 20 mars dernier. Ses amis assurent qu'il ne siégeait pas, à la cordelière de M. Lanjuinais, pour le compte de l'usurpateur ; nous qui avons suivi les burlesques séances de ces messieurs, nous sommes bien convaincus que M. Dubois n'y a pas voté pour le retour de la branche régnante des Bourbons. Pour qui donc? Demandez à M. de Lafayette père, *cet ancien apôtre de l'égalité*, qui se cassa les jambes en allant faire des courbettes à un ancien ministre de l'usurpateur ; il sait bien, lui, pour qui votait M. Dubois... Il sait bien, M. de Lafayette, quel est le monarque qu'il allait demander aux puissances étrangères si elles avaient jugé à propos d'admettre une pareille ambassade ! Ah ! si je n'étais retenu par... Mais n'importe : sages ministres, en qui repose la confiance de toute la France, vous qui chérissez notre bon roi, son auguste nièce, son aimable frère, ses braves neveux ; vous qui êtes convaincus que l'existence de cette chère famille et son maintien au rône sont la seule garantie du bonheur des Français, vous qui savez que l'autre garantie, si ardemment désirée par les cannibales, est l'épouvantail de tous les honnêtes gens : ministres, méprisez les vociférations ; *cavete, cavete, et semper cavete ;* oui, tout me le dit : vous partagerez l'horreur qu'inspire le souvenir d'une pareille garantie.

CHAPITRE XXX

M. L'EX-COMTE FRANÇAIS DE NANTES

Grand incorrigible. — Sangsue des Français.

M. Français, qui n'est pas de Nantes, mais bien du département de l'Isère, ne fut étranger à aucun des grands crimes de l'usurpateur. Il fut plus qu'un autre le grand fabricateur de ces impôts désastreux que Buonaparte fit peser sur notre malheureuse patrie. Ses instructions aux employés des Droits réunis sont un monument de scélératesse et de perfidie. La manière dont il les engageait à s'insinuer chez les petits débitants est un tissu d'horreurs et de bassesse. Il s'avilissait au point de leur prescrire que, par tous les moyens possibles, ils devaient capter la confiance de ces malheureux, et les amener insensiblement à leur avouer s'ils avaient quelque chose contre les droits, et dès qu'ils seraient instruits, de se faire connaître et de dresser procès-verbal. Qu'il me démente, s'il ose !... Il a reçu la démission de plusieurs qui ne voulurent jamais consentir à d'aussi basses manœuvres. Il nommait à vingt mille places, et recevait un pot-de-vin de chacune. Ne pouvant suffire à tout, il avait pris pour adjoint une dame d'un certain âge, qui vendait les places pour lui ; pour peu que M. Français, dit de Nantes, crie à la calomnie, je suis tout prêt à nommer la dame et les individus qu'elle a rançonnés. Buonaparte reçut plusieurs plaintes à cet égard, et un beau jour, en compulsant les registres de cette administration, il s'aperçut que la très-grande majorité des employés étaient du département de M. Français : il lui en fit durement l'observation ; « Sire, lui dit l'ex-comte, « le limon de l'Isère est si bon qu'on ne saurait « trop le répandre. — Oui, lui dit Buonaparte, je « crois effectivement qu'il bonifie vos terres ; mais « c'est assez de ce limon-là ; employez-en d'au- « tre. »

De l'activité dans les rentrées, de l'argent quand il en demandait, raccommodèrent bien vite M. Français avec le Corse. En parlant de pots-de-vin, j'ai oublié de dire qu'un cuisinier de Montélimart fit répondre à madame de Montalivet, qui lui demandait des truffes : « Qu'on n'en voyait plus

« une dans le pays ; que les employés des Droits « réunis faisaient acheter toutes celles du Comtat, « pour les envoyer en cadeaux à M. le comte « Français de Nantes. »

Si ces messieurs, Français de Nantes, Cambacérès et tant d'autres avaient voulu se contenter de truffes, ce ne serait rien ; mais ils sont gorgés d'or, et l'on aura beaucoup de peine à le leur reprendre. M. Français, venu à Paris en sabots, ne le cède à qui que ce soit en millions et en *adhérence* à tout ce qui a été fait et se fera au nom de l'usurpateur et de sa famille, et même au nom de qui l'on voudra. Sa règle, qui est celle de beaucoup d'autres, n'a qu'une seule exception : *les vertus et la branche régnante des Bourbons.*

CHAPITRE XXXI

M. L'EX-COMTE DEFERMONT

Incorrigible au premier chef. — Artisan de toutes ces conceptions infernales qui pendant dix ans ont désolé les malheureux contribuables. — Liquidateur éternel pour ne payer personne. — Conseiller d'État à vie, président de la section des finances, intendant du domaine de la couronne et ministre d'État —Enrichi! enrichi! enrichi! et fauteur de tout ce qui s'est fait de mal. non-seulement pendant l'interrègne, mais dix ans auparavant.

Que les peuples sont à plaindre, quand, au joug d'un usurpateur, se joint la calamité de ministres ambitieux, avides et méchants! N'était-ce pas assez, grand Dieu, du génie machiavélique de Buonaparte pour tourmenter la France, sans celui des Merlin, des Regnault, des Defermont, etc. ? Qu'on ouvre les registres des délibérations du conseil d'Etat, on y verra que ces hommes renchérirent toujours sur les propositions désastreuses de leur maître. Non-seulement ils n'eurent jamais la courageuse pensée de le contrariér dans ses projets criminels, mais ils auraient cru démériter, s'ils n'avaient dépassé le but. Demandait-il de l'argent? Dès que le sénat l'avait bassement octroyé, De fermont présentait un mode de recouvrement plus onéreux, à la vérité, mais infiniment plus productif; et par la perfide science de ce coupable ministre, tel impôt, limité à la somme de cent millions, en a souvent fait entrer deux cents dans les coffres du Corse; et ces hommes prétendent n'avoir pas été les auteurs, les fauteurs et les complices de tous ses crimes!!!

Aussi Defermont n'avait-il qu'à parler, les places, les dignités, les cordons, l'argent, tout pleuvait sur lui, sur les siens. Son fils, dans l'âge où les jeunes gens sont encore régentés dans les colléges, administrait l'un des départements de la Bourgogne; à vingt-quatre ans, il était préfet. On a vu plus haut que M. Defermont cumulait quatre ou cinq places, dont la moindre lui rapportait trente mille francs par an. On cite je ne sais quel pays vignoble, dont la presque totalité des terres appartient à M. Defermont; il a de plus, comme tous les autres enrichis, des châteaux, des domaines, des hôtels et des millions. Je me plais à croire que lorsqu'on demandera à M. Defermont une grande partie de cette immense fortune, pour secourir la France dans la détresse où il l'a mise, il ne répondra pas qu'il tient cette même fortune de ses pères ; son arrivée dans nos assemblées législatives est encore présente au souvenir de trop de gens.

Il est malheureux que M. Defermont ait mal tourné, ce serait un ministre précieux pour un gouvernement, s'il avait des vues honnêtes. Je ne sache pas d'homme plus capable que lui de tirer promptement la France du mauvais pas où elle se trouve, quant à l'argent. Personne, mieux que lui, ne connaît les grosses fortunes de France de quelque nature qu'elles soient, légitimes ou révolutionnaires. Je citerai, à ce sujet, une petite anecdote qui, dans le temps, n'amusa pas nos fournisseurs généraux.

Buonaparte avait besoin de quelques millions de plus que ne portait son budget déjà bien surchargé ; il s'adresse à Defermont, qui, dans trois fois vingt-quatre heures, lui fit son affaire. Il imagina pour cela un moyen fort simple : une petite *commission ardente*, de trois membres seulement, qu'il présida. Les fournisseurs Michel, Seguin, Ouvrard, Collot, etc., furent mandés à la barre du tribunal de ces redoutables appréciateurs. Defermont leur parla en ces termes : « Messieurs, « Sa Majesté l'Empereur, mon maître et le vôtre, « a besoin d'argent ; vous en avez beaucoup, « donnez-nous-en. — Mais, Messieurs, s'écrièrent les fournisseurs, nous ne devons rien, nous « avons payé nos impositions ; c'est, au con- « traire, le gouvernement qui nous doit. — De « l'argent, répondit Defermont, c'est de l'argent « que nous vous demandons. — Je n'en donnerai « pas, dit Ouvrard. » Le lendemain, sans autre forme de procès, Ouvrard fut incarcéré, sous je ne sais quel prétexte. Les autres fournisseurs, jugeant qu'il fallait avaler la pilule, payèrent. M. Ouvrard, ennuyé de méditer sur les vicissitudes humaines, qui font asseoir un homme quand il a bonne envie de courir, se détermina et satisfit M. Defermont, qui pour son argent lui rendit la liberté.

En admettant l'ancien adage, qui dit : ***En vendange on se sert de tout panier***, ne serait-il pas possible de se servir de M. Defermont pour nous procurer les sept cent millions à payer aux puissances étrangères ?

Je suis convaincu que si M. Defermont veut servir son roi légitime avec la moitié du zèle qu'il porta au service de l'usurpateur, avant six mois, la France sera libérée, et que les seuls enrichis révolutionnaires auront suffi pour parfaire la somme. En attendant, *consules*, vous m'entendez, et M. Lanjuinais me devine... *cavete!*

CHAPITRE XXXII

M. LE DUC DECRÈS, EX-MINISTRE DE LA MARINE

Grand Napoléonien. — Grand déblayeur des ports de France, il n'y a rien laissé. — Malheureux dans ses conceptions maritimes. — S'il eût passé trois nuits de plus (1) dans les premiers jours du mois de juillet dernier, il eût vraisemblablement fait charger beaucoup d'autres objets sur le navire qui porta le prudent Buonaparte au *Bellérophon*.

Si M. Decrès n'avait pour tout retranchement le despotisme absolu de l'usurpateur, je l'accuserais d'impéritie et de forfaiture. Comment ne pas être indigné, en pensant qu'à son arrivée au ministère de la marine, il y a douze ou treize ans, M. Decrès trouva plus de quatre-vingts vaisseaux de ligne

(1) Voyez la dernière séance des pairs de Buonaparte. Rien de plaisant (si l'on pouvait rire de son malheur) comme la réponse de M. Decrès à quelques interpellations qui lui furent faites sur le départ de l'usurpateur! Je la relate ci-contre.

dans nos ports; qu'il en a fait construire lui-même plus de cinquante, et qu'au 30 mars 1814 il y avait déjà longtemps qu'il ne nous en restait presque plus!

Je voudrais bien que ce fameux conseil d'Etat, qui prétend avoir étonné l'Europe par sa manière d'organiser les différents rouages de l'administration générale du grand peuple, nous apprît ce qu'il a fait de merveilleux en marine!... Savez-vous, messieurs les grands faiseurs, ce qui étonne l'Europe? Je vais vous le dire : c'est que ce même grand peuple, après quelques années d'une cruelle expérience, après avoir acquis les preuves les plus positives de votre mauvaise foi, de votre cupidité, de votre égoïsme et de votre ambition, ne vous ait point chassés, pour ne rien dire de plus; et ne vous ait enfin mis dans l'impuissance de consommer sa ruine. Peut-on, sans frémir, penser à ces funestes époques, où des victoires lointaines, insignifiantes, qui nous coûtaient des milliers d'hommes et des monceaux d'or, étaient toujours précédées ou suivies de la perte d'une partie de notre marine, ou de quelque colonie, dernier espoir de notre commerce? Le combat d'Aboukir nous fit pleurer sur la conquête de l'Égypte; la malheureuse expédition de Saint-Domingue, qui vit périr l'élite de nos troupes, suivit l'affaire de Marengo, et précéda l'envahissement du Hanovre. Trafalgar vit prendre ou couler nos derniers vaisseaux à peu près vers l'époque de la brillante, chère et inutile victoire d'Austerlitz. Eylau, Iéna, Wagram, marchent avec la Guadeloupe, la Martinique, l'Isle de France. De toutes ces compensations, qu'existait-il au 1er janvier 1814? Répondez, ministres et conseillers de l'usurpateur!...

Ce qu'il restait, je vais vous le dire : votre bassesse, vos énormes fortunes, et notre inconcevable patience.

Après cela, vantez-vous, messieurs, d'avoir été de grands politiques, d'habiles administrateurs; mais permettez-nous de douter que la postérité confirme le jugement que vous portez de vous-mêmes. La vérité est que vous n'avez rien fait de bien, que vous avez fait beaucoup de mal, que vous n'aviez rien, que vous êtes millionnaires, et que l'on ne saurait trop tôt vous faire contribuer à la tranquillité et au soulagement de cette malheureuse patrie, que vous avez si longtemps désolée. Ecoutez M. Decrès à la Chambre des pairs de Buonaparte, à l'époque du départ de ce dernier pour Rochefort. (Voyez le *Moniteur* du 6 ou du 7 juillet dernier.) « Messieurs, je ne sais ce que je dis : voilà trois « nuits que je n'ai pas fermé l'œil; je n'en peux « plus : pardonnez si je déraisonne; je ne peux pas

« bien vous dire les choses, parce que je n'ai pas « la tête à moi. Napoléon est ici, il n'y est pas; enfin, je ne veux pas vous dire où il est. Tant il y a « que depuis soixante-douze heures je travaille à « assurer sa fuite et à ce qu'il puisse emporter avec « lui le plus d'or et d'objets précieux qu'il sera « possible. »

Ne faisiez-vous pas l'endormi, monsieur Decrès? et n'étiez-vous pas bien éveillé quand vous favorisâtes les dernières déprédations du Corse? Ou seriez-vous, par hasard, un de ces intimes adhérents qui se partagèrent, avec la famille, le dernier gâteau? Qu'en pensez-vous?... Si ce gâteau eût appartenu à Buonaparte, je conviendrais avec vous que votre part serait bien acquise; mais comme vous savez que cet argent appartenait à ces pauvres Français, aujourd'hui si malheureux par votre faute et celle de beaucoup d'autres, vous vous empresserez sans doute de faire connaître, par une prompte restitution, que vous n'eûtes jamais la pensée de conserver d'immenses richesses aux dépens de votre honneur.

Vous n'ignorez pas, monsieur Decrès, que nous sommes convenus qu'une reprise de ministère au 20 mars 1815 serait réputée acte d'adhérence avec un degré de noirceur de plus, lorsqu'après tant et de si grandes fautes on avait eu l'honneur d'être nommé pair de France, en 1814, par son roi légitime, par Louis XVIII.

Personne ne demandera si M. Decrès est riche : tout le monde sait qu'il a plus de millions que de croix, et que ses dernières veilles lui ont été largement payées.

CHAPITRE XXXIII

BARRAS, EX-DIRECTEUR

Conventionnel, il vota comme Robespierre. — Directeur, il mit le comble à ses iniquités en nous donnant Buonaparte.

Buonapartistes, napoléoniens, régenciers, vous tous admirateurs du Corse; vous, ses créatures, enrichis par lui, comblés de ses faveurs, chargés de ses rubans, de ses dignités, prosternez-vous devant Barras. Sans lui, sans ce directeur vertueux, vous n'eussiez jamais connu ce grand homme; c'est Carnot qui le devina, c'est Barras qui le mit en œuvre. Quel trio!!! *Carnot, Barras, Buonaparte.* Quels souvenirs ces trois noms rappellent!!! Français, vous ne les oublierez jamais, n'est-ce pas? Vous vous souviendrez du 21 janvier 1793, du 13 vendémiaire an V, et de novembre 1804. Vous aurez toujours présente à la pensée cette garantie mutuelle, cette garantie que se demandent réciproquement tous les individus de ce parti; garantie sans laquelle, disent-ils, il ne peut y avoir de gouvernement stable en France; garantie que tous les voteurs de 1793 s'empressèrent d'exiger de l'usurpateur, lorsqu'il voulut s'asseoir sur le trône. Barras, à cette époque, dissipait dans son brillant exil une partie des millions que notre lâche engourdissement lui permit d'emporter; et Carnot, fâché que son élève eût assez peu d'égards pour vouloir régner sur lui, bouda pendant quelque temps; mais convaincu que l'homme qu'il avait si bien deviné ne travaillerait jamais au retour des Bourbons, il se consola et finit, comme l'on sait, par devenir son ministre.

Barras, éloigné de Paris, y reparut à peu près à l'époque du 20 mars dernier; il habitait auparavant les environs de Marseille; je conçois parfaitement que l'homme qui, au procès de Louis XVI, vota comme Carnot et Marat; qui, au 13 vendémiaire, mitrailla les Français et les fit mitrailler par son aide-de-camp Napoléon, n'a pas dû se trouver à son aise dans un pays où l'amour pour les Bourbons s'est manifesté d'une manière si peu ambiguë. Mais ce que je ne conçois pas, c'est que cet homme ait eu la faculté de venir s'établir à Paris, d'y tenir des conciliabules avec les Tallien et autres du même acabit, d'y distribuer ostensiblement des copies du dernier rapport de Fouché, et de dire, à qui a voulu l'entendre, que Louis XVIII resterait, cette seconde fois, beaucoup moins de temps à Paris que la première.

Barras, criblé de dettes et de mépris quand il vint siéger à la Convention, possède aujourd'hui, malgré toutes ses dilapidations, des domaines immenses et beaucoup d'or. Je présume qu'il ne criera pas à la calomnie, quand il saura que j'affirme que toute sa fortune est illégitime, et qu'on ne saurait trop se hâter de lui faire rendre gorge. L'ex-directeur est trop connu pour que je remue encore la bile de M. Lanjuinais, en priant les ministres de notre bon roi de vouloir bien se rappeler qu'à Rome, toutes les fois que des factieux, des intrigants, des scélérats, voulaient bouleverser l'État, une loi sage, dont le texte était *caveant consules*, appelait sur ces misérables toute la vigilance des magistrats. Grâce à leur prévoyance, nous en avons une toute pareille. *Oui, M. le comte Lanjuinais, toute pareille*, et de laquelle nous verrons l'application, *tout comme à un autre*, si jamais il vous prend envie de vous faire de nouveau président d'un club.

CHAPITRE XXXIV

L'EX-COMTE MERLIN, DE DOUAY

Pervers infâme. — Incorrigible comme Carnot. — Maratiste. Robespierriste. — Jacobin. — Cordelier. — Du comité de salut public, de sûreté générale. — Inventeur des suspects. — Ministre. — Directeur. — Buonapartiste. — Procureur impérial. — Conseiller d'État à vie. — Conseiller intime de la famille. — Napoléonien. — Régencier. — Et en dernier lieu Lafayettiste. — Grand demandeur de l'horrible garantie. — Enrichi ?... Demandez à sa femme ; par le trou de son guichet, elle vous dira que non : mais doutez de sa parole.

Si depuis 1792 jusqu'au 8 juillet 1815, il s'est commis deux millions d'horreurs révolutionnaires, Merlin de Douai en a signé quinze cent mille, et n'a point improuvé les autres, auxquelles, en raison de leur éloignement, il n'a pu prendre une part aussi active.

Quel fléau pour l'humanité que l'existence de

pareils êtres, quand le hasard ou l'intrigue les mettent, à même de pouvoir satisfaire leurs passions haineuses et leur insatiable avidité !

Lecteurs, si quelqu'un d'entre vous peut croire un seul instant que le portrait que je viens de tracer soit exagéré, qu'il parcoure, s'il en a le courage, l'histoire de nos vingt-cinq années de désastres ; et s'il n'en trouve pas toutes les pages ensanglantées par Merlin, je me soumets à tout. Et ce misérable crie à l'injustice !... Et si vous lui parlez, il vous dira qu'il est toujours procureur impérial de la Cour de cassation, que tout ce qui se fait est illégal, que la dynastie de Buonaparte ne saurait être remplacée sans le consentement du peuple français, que les seuls représentants de ce peuple sont ; lui Merlin, Carnot, Barrère, Cambon, Lepelletier, Bory, Garat, etc., et qu'il ne peut y avoir de roi légitime en France que celui sur la tête de qui l'un d'eux posera la couronne...

On a beau former le projet de ne plus s'occuper de tous ces misérables que pour les anéantir, nos malheurs sont si grands, nous sommes si obérés, que naturellement il faut, malgré soi, revenir sans cesse aux auteurs de toutes nos misères, et malheureusement encore la majeure partie de ces suppôts de toutes les usurpations nous brave ouvertement, et affiche à nos yeux un luxe d'autant plus insultant, qu'il est le fruit de leurs assassinats et de leurs concussions.

Je finis.

Merlin de Douai est tout couvert de sang et gorgé d'or. Son immense fortune, dont l'illégitimité est si manifeste, doit rentrer dans le trésor public, comme celle de tant d'autres, pour y servir à acquitter les dettes de leur maître, de leur héros.

CHAPITRE XXXV

M. TAILLE-PIED DE BONDY

Napoléonien à dix-neuf karats. — Chambellan. — Conseiller d'État. — Ex-préfet de Lyon. — Pas excessivement étranger au retour de l'île d'Elbe. — Bien jugé par les Lyonnais, fort mal par M. Fouché. — Grand enrichi. — Grand fédéreur (1). — Très-susceptible du *caveant*.

Que Buonaparte, premier consul, ait trouvé dans l'ancienne noblesse de France des serviteurs, cela se conçoit. On pouvait alors, ne le connaissant pas, lui prêter des intentions pures, et s'attendre à ce qu'un beau matin il comblât les vœux de tous les bons Français, en remettant le trône à son roi légitime. Mais que l'empereur Napoléon donne à Carnot, à Fouché, à Merlin, cette garantie cruelle, sans laquelle ils ne lui eussent point permis de s'asseoir sur le trône ; que Napoléon, à

(1) *Fédéreur* pour *faiseur de fédérés.*

cet horrible moment, ait trouvé des valets dans cette même noblesse, c'est ce qui ne se conçoit guère, et ce qui n'est malheureusement que trop vrai.

Nous rangerons M. Taille-Pied dans cette dernière classe, parce qu'il s'y rangea de lui-même, bien différent en cela de ces fidèles serviteurs de notre bon roi, qui se placèrent aussi sous les aigles de l'usurpateur, à la seule fin de mieux servir la cause des Bourbons.

M. de Bondy, tout dévoué à son nouveau maître, tout vendu à cette cour, s'occupa de l'accroissement de sa fortune et parvint à cumuler trois ou quatre grandes places qui l'enrichirent et le comblèrent d'honneurs.

Je ne sais comment il advint qu'à la première restauration M. de Taille-Pied demeura préfet de Lyon ; cela m'étonna beaucoup et les Lyonnais aussi ; ils en furent fâchés, et attendirent le moment favorable pour s'en débarrasser. La gracieuse visite que leur fit S. A. R. Monsieur leur en fournit l'occasion, qu'ils s'empressèrent de saisir, et cela sans la moindre préparation, et d'un mouvement spontané. Le prince arrive aux portes de Lyon, le peuple se précipite au devant de la voiture de Son Altesse Royale, qui était entourée de grands officiers, parmi lesquels étaient M. Taille-Pied et M. Augereau. Les cris *vive le Roi*! *vive Monsieur*! *vivent les Bourbons*! exprimaient la joie universelle. Son Altesse Royale, émue jusqu'aux larmes, témoignait la sienne par un sourire enchanteur, en disant : « Oui, mes bons amis, le « roi mon frère saura combien vous le chérissez, « combien vous nous aimez. — Oui, oui, Monsei- « gneur, dites-lui bien, à ce bon père, que nous « l'aimons, que nous vous chérissons tous ; que « tout notre espoir est dans son auguste et chère « famille ; mais, au nom du ciel, mon Prince, dé- « barrassez-vous, débarrassez-nous au plus tôt de « ce C... de M. de Bondy, que vous avez à côté de « Votre Altesse ; c'est un traître, il vous trompe. « Au nom de votre salut, du salut de la France, « débarrassez-vous-en. Vive le roi ! » — Observez bien que M. de Bondy ne perdit pas une syllabe de cette requête énergique et unanime. — Notre prince, si bon, souffrait de la sotte figure de M. Taille-Pied ; Son Altesse Royale cherchait, en élevant la voix, à faire en sorte que le préfet pût échapper à la mystification ; mais impossible : l'accord des voix lyonnaises l'emportait. Le prince avait beau faire signe de la main, et leur dire : « Oui, oui, braves Lyonnais, le roi saura le char-

« mant accueil que vous avez fait à son frère. — « Bien, bien, Monseigneur! *Vive le Roi* ! *vive* « *Monsieur*! à bas le traître de Bondy! » C'est ainsi que les fidèles Lyonnais conduisirent Son Altesse Royale jusqu'à son palais. *Vox populi*, *vox Dei*; monsieur Taille-Pied, le 20 mars a confirmé la sentence. Les Lyonnais vous ont aussi bien jugé que les Auvergnats jugèrent Soult. Vous êtes un parjure, et vous nous l'avez bien prouvé, en venant vous emparer de la préfecture de Paris, à peu près comme votre maître s'empara du château des Tuileries.

Votre fortune, déjà colossale par la multiplicité des places lucratives que vous avez gérées pendant plusieurs années, vient, dit-on, de recevoir un nouvel et grand accroissement dans nos derniers troubles, par la gestion de l'habillement des fédérés; objet si pressant, que vous fûtes obligé, dit-on encore, de puiser dans toutes les caisses de Paris pour en accélérer la confection.

Point de comptes rendus, un très-petit nombre de fédérés habillés, beaucoup d'argent reçu, point de reversé, etc., etc., etc. D'ailleurs, à qui vous seriez-vous adressé le 7 juillet?....

Allons, monsieur de Bondy, pas de rancune; ces bons Lyonnais, qui ont fait cette petite niche, sont malheureux comme les autres Français. Votre infâme trahison, comme celle de tant d'autres, vient d'exposer leurs campagnes à des ravages et à des réquisitions innombrables. Cet argent, que votre Corse vous a distribué, et qu'il faut rendre, pèserait encore sur eux. Allons, un bon rémora ; envoyez au trésor royal seulement deux millions, nous vous donnerons du temps pour le reste. Vous devez être convaincu que cet argent sera bien employé ; il ne sera pas, comme de votre temps, la récompense de quelques infamies ; au contraire, joint aux privations que notre bon roi et sa chère famille s'imposent, il servira à soulager les maux de la grande famille. Croyez-moi, suivez le conseil que je vous donne, il n'est pas mauvais. Cette offre, faite de bonne grâce, vous évitera peut-être le déplaisir de la faire autrement. Il faut rendre sept cent millions. A qui s'adresser, si ce n'est à ceux qui les ont pris?

A propos, que pensâtes-vous dernièrement, M. de Bondy, de votre nomination à la préfecture de la Moselle (1)? Vous dûtes être bien étonné? Moi, je

(1) Comment a-t-il pu se permettre d'accepter cette nomination, me disait un ami le jour même qu'elle fut consignée dans la Gazette officielle! Savez-vous l'horrible propos qu'il se permit contre le monarque infortuné, le jour même du 20 mars, au moment où ce prince abandonnait son trône et ses foyers pour se soustraire aux poignards de l'usurpateur : « Le voilà donc parti, ce... (Je supprime ici, par res- « pect, des expressions familières à tous ces messieurs).

ne le fus pas du tout. Elle ne me surprit pas plus que celle de Richard à la préfecture de la Charente. Comment, monsieur, me disait-on, Richard préfet de Louis XVIII ! Fouché ministre de Louis XVIII ! M. de Bondy, sortant de la préfecture de Paris sous les trois mois du Corse, encore préfet de Louis XVIII ! Oui, messieurs, oui, messieurs, oui, messieurs. Et dans un état agité par toute sorte de troubles, la faction *des impatients*, quoique très-bien intentionnée, est une des plus dangereuses, et vous en êtes tous. Demandez à M. Fouché si Louis XVIII, dans l'intérêt de ses chers enfants tous les Français, n'a pas bien fait de le nommer, *lui Fouché*, ministre pendant quatre mois ?... Réfléchissez sur tout ce qui s'est opéré dans cet intervalle ; comment vous étiez au 8 juillet, comment vous êtes aujourd'hui ; pleurez, bénissez et taisez-vous.

« Nous avions bien besoin chez nous d'un préfet du roi d'An-
« gleterre. » — Cela n'est pas possible, répondis-je! — Cela est plus que possible; cela est sûr; M. Taille-Pied ne le niera pas. Je lui nommerais le salon, j'y étais.

CHAPITRE XXXVI

M. LE COMTE LACÉPÈDE

Bonapartiste de la création. — Napoléonien comme Maret. Sénateur de la création. — Possesseur d'une sénatorerie dès la création. — Président du Sénat pendant plusieurs années. — Rentré au 20 mars dans toutes ses prérogatives. — Enrichi? Quinze ans de gestion de cinq places, dont la moindre rapportait cent mille francs, sans le tour du bâton, répondent pour lui.

M. de Lacépède, qui ne devrait être connu en France que sous le rapport le plus favorable, celui des sciences, y a malheureusement joui d'une autre célébrité; il épousa la fortune de l'usurpateur et fut pendant quinze ans l'un des plus imperturbables prôneurs de tous les actes du Corse, qu'il avait grand soin d'ériger en vertus. Les registres du sénat seront un monument éternel de ce que peut la flatterie quand elle est guidée par l'ambition et la cupidité. — Qu'on ne s'y trompe pas; dans les camps, nos jeunes militaires, tout bouillants d'ardeur, regardaient, dans la sincérité de leur âme, Buonaparte comme un héros qui leur traçait le chemin de la gloire; mais au sénat c'était bien différent : tout était calculé; point d'engouement, point de prévention ; Buonaparte y était connu, apprécié. Ces hommes avides, mûris par l'âge, péchèrent toujours en toute connaissance de cause. Napoléon, aux yeux de Cambacérès, de Lacépède, de Pontécoulant, de Dejean, de Fabre et tant d'autres, ne fut jamais un grand homme, un monarque fait pour régner sur la France, mais bien un maître impérieux, auquel, à force de complaisance, on arrachait et des dignités et des millions. Ces immenses et annuelles concessions d'hommes et d'argent ne furent point faites par les sénateurs dans l'espoir de terminer les maux de la patrie ; ils savaient tous que la majeure partie des hommes périrait à la conquête de pays que nous ne pouvions garder et qui ne nous rapportaient rien. Ils savaient tous que l'argent irait fournir à Hortense, à Elisa, à Caroline, à Henriette, les moyens de soutenir leur luxe effréné, et à Buonaparte de quoi faire brûler Saragosse; ils le savaient, mais, impassibles, ils octroyaient tout pour garder leur part de tant de concessions. Que pourrai-je ajouter à toutes les vérités déjà publiées contre ce sénat impie ! Je me bornerai à montrer au doigt les membres les plus enrichis pour qu'en dernière analyse on les force à restitution ; car, pour obtenir d'eux quelque offre volontaire, ne vous y trompez pas ; vous n'y parviendrez jamais.

M. de Lacépède ne conspire pas, ne fomente pas de troubles ; il ne demande qu'à garder son argent et ses grands biens. Mais, comme on ne sait pas ce qui peut arriver, si Buonaparte revient de Sainte-Hélène comme de l'île d'Elbe, ou si Maret parvient à établir son conseil de régence, M. de Lacépède est tout disposé à reprendre la sénatorerie de Paris, la chancellerie de la Légion d'honneur, la présidence du sénat et le ministère d'Etat. Bien entendu qu'on l'indemnisera pour la non-jouissance, à partir du 8 juillet dernier.

CHAPITRE XXXVII

M. DE JOUY

Littérateur distingué, mais dangereux —. Napoléonien. — Améliniste. — Ingrat. — Enrichi? Non; l'interrègne a été trop court. Quel dommage! Nous avions de belles espérances..... Maudit 8 juillet!!... — Tout coup vaille; *consules* malgré L'ÉCLAT DE (1) VISIBILITÉ de l'opinion de M. de Lanjuinais contre votre sage loi; NOS BOURBONS AVANT TOUT! *cavete.*

Je ne veux, pour preuve de la mauvaise foi et de la perfidie de M. de Jouy, que ses écrits, ils se

(1) L'ÉCLAT DE LA VISIBILITÉ! Galimatias perfide, assertion mensongère, qui ne tend à rien moins qu'à justifier, à préconiser même tous les actes d'adhérence à la dernière usurpation. Assertion pour laquelle M. Lanjuinais aurait dû s'appliquer l'*impudentissimè* du père capucin, dont il gratifie ses réfutateurs. (*Voyez* le Mémoire justificatif de M. Lanjuinais.)

LE GOUVERNEMENT DE NAPOLÉON AVAIT ACQUIS L'ÉCLAT DE LA VISIBILITÉ. *Mentiris.* Témoins tous les gros marchands qui s'empressèrent de fermer leurs boutiques à double tour, vendent publiquement. On y verra ce système de dénigration de l'auguste famille conçu en 1814 par

lors de l'arrivée de votre *Éclatant* et qui n'étalèrent de nouveau que par un ordre positif de la police. Demandez à Foudras, qui, malade le 19 mars, ne put se rendre à son devoir dans l'antichambre de M. d'André, ministre du roi, mais qui, jouissant d'une très-bonne santé le 21, se hâta de mettre à exécution les ordres de M. Fouché, son nouveau maître.

L'ÉCLAT DE LA VISIBILITÉ ! *Mentiris.* Je n'en veux pour preuve que le prompt départ de toutes les chancelleries des puissances étrangères.

L'ÉCLAT DE LA VISIBILITÉ ! *Mentiris.* Témoin la précipitation que mirent les régents de la Banque de France à soustraire leurs fonds à la rapacité de l'usurpateur.

L'ÉCLAT DE LA VISIBILITÉ ! *Mentiris.* Témoin la consternation générale.

L'ÉCLAT DE LA VISIBILITÉ ! *Mentiris.* Témoin l'envoi des commissaires extraordinaires dans les départements.

L'ÉCLAT DE LA VISIBILITÉ ! *Mentiris.* Témoins Bordeaux, Toulouse, Avignon, Marseille, toute la Vendée et beaucoup d'autres provinces.

L'ÉCLAT DE LA VISIBILITÉ ! *Mentiris.* Témoin la mascarade du Champ-de-Mai, qui n'obtint que le sourire du mépris et quelques vociférations rogomiques payées par Réal.

L'ÉCLAT DE LA VISIBILITÉ ! *Mentiris.* Témoin la caverne septembrique de Montansier.

L'ÉCLAT DE LA VISIBILITÉ ! *Mentiris* enfin, et *mentiris* avec tout l'adverbe du père capucin. Témoin l'épouvantable revue des fédérés, à laquelle les Pasque, les Foudras, forcèrent les braves charbonniers d'assister, en les menaçant de leur ôter leur médaille.

Maret et Hortense, et propagé par Etienne, Harrel, lui de Jouy et tant d'autres.

J'ai fait à notre académicien le reproche d'ingratitude, je vais le prouver.

En 1812 et 1813 M. de Jouy brigua le fauteuil académique : j'avouerai qu'il y avait beaucoup plus de droits que son collègue *Etiennaxa*, mais il ne put l'obtenir. On ne voyait, à cette époque, que des académiciens par ordre, et M. de Jouy ne put jamais parvenir à se faire ordonner savant. Il eut beau crier dans les feuilletons de la gazette, que les

Et de pareilles mesures attestaient l'éclat du gouvernement de l'usurpateur???...

Je veux croire que la dignité de pair de France donne à l'homme qui en est revêtu de grandes prérogatives; mais l'on me permettra de douter que ce même pair de France, dans le moment où de fidèles ministres, organes d'un roi vertueux, cherchent à relever l'état de l'*iscompiglio* général où l'ont jeté quelques misérables; que ce pair, dis-je, puisse impunément, et de la manière la plus évidente, mentir à sa propre conscience pour anéantir l'effet des sages et pressantes dispositions de ces mêmes ministres. Et qu'on ne s'y trompe pas, je défie M. Lanjuinais et l'abbé Girard lui-même de me contester la synonymité de ces deux phrases.

Gouvernement qui a acquis l'éclat de la visibilité ou *gouvernement qui a obtenu l'assentiment général.* Ce principe établi, plus de coupables; et si j'eusse été l'un des défenseurs du maréchal Ney, je me fusse fait un titre de ce que le 3 décembre 1815 un pair de France faisait vendre publiquement un écrit par lequel il appert que le gouvernement de Buonaparte, au mois de mars dernier, avait obtenu l'assentiment général; et que, par conséquent, il n'a pu exister ni trahison ni traîtres.

coteries, que les déjeuners faisaient les académiciens, il fallut attendre et rester à la porte du temple. La première restauration arrive : l'ordre et la justice renaissent dans toutes les institutions. Un fauteuil vient à vaquer, l'intention de notre sage monarque est que les trente-neuf y fassent asseoir celui qu'ils en croiront le plus digne. Les savants y appelèrent M. de Jouy ; sous le rapport du mérite littéraire ils firent un acte de justice. Le roi confirma la nomination. Trois semaines après, M. de Jouy, dans un de ses feuilletons, accusait le gouvernement du roi d'agir en secret pour le rétablissement des moines en France. Assertion d'autant plus perfide, qu'en la produisant, M. de Jouy était convaincu de sa fausseté. Quelques jours après, dans un autre bulletin, intitulé *le Cauchemar*, M. de Jouy accuse encore le même gouvernement de tolérer des horreurs dégoûtantes (Voyez l'article). J'ai toujours été surpris que la police d'alors ne fît point une éclatante justice de tant de perfidie... Voilà pourquoi j'ai accusé notre académicien d'être un ingrat.

Arrive le 20 mars, avec le Corse, avec Hortense, avec Maret, avec Savary, avec la femme Amelin, enfin. Lisez M. de Jouy : il renaît, la France est sauvée ; son pays, cette belle France, ce grand peuple, vont être heureux. Le Nain jaune n'est qu'un enfant en expressions gigantesques pour l'usurpateur et en irréverence pour les Bourbons. M. de Jouy s'exprime bien autrement : lisez, lisez. *Que nous veulent ces gens-là? Sont-ils faits pour nous? Sont-ils à la hauteur de notre siècle?* Lisez, lisez : tout l'interrègne est de la même force.

Arrive le 8 juillet, avec toutes les vertus, avec toutes les espérances, avec nos Bourbons ; lisez M. de Jouy ; il est précieux. Il n'a pas la force de dissimuler son chagrin, la plume tombe de ses mains. Il n'écrira plus, il ne sera plus franc parleur ; il remet tous ses droits à un certain ermite de la Guyane, qui de temps en temps montrera le bout d'oreille ; les maux de la patrie, si heureuse, si florissante au Champ-de-Mai, déchirent l'âme de M. de Jouy.

Au 8 juillet, à trois heures de l'après-midi, il souffre de voir le grand peuple exprimer sa douleur par ses sanglots, depuis Saint-Denis jusqu'au château des Tuileries. Il est tellement absorbé qu'il en perd la tête ; il n'est plus à lui, les pleurs de ce peuple consterné lui paraissent les acclamations de la joie la plus vive ; ne pouvant plus y tenir, il rentre chez lui pour reprendre ses sens. — A neuf heures du soir, c'est bien autre chose ; les sanglots recommencent, le grand peuple tout entier a ses pleurs, veut y voir clair pour les répandre. Une illumination spontanée générale fait douter M. de Jouy qu'il soit nuit. Il s'achemine vers le café Tortoni ; il traverse des flots de ce même peuple qui paraît se complaire dans l'expression de sa douleur ; enfin M. de Jouy n'est parfaitement convaincu de la vérité, que lorsque, cerné par une joyeuse farandole, des cris énergiques et peu ambigus, un bon *vive le roi!* lui firent comprendre que ce même peuple, qu'il calomniait depuis si longtemps, se livrait effectivement à la joie, vivement sentie, que lui causait le retour de son roi légitime. M. de Jouy se débarrasse, court au café ; en entrant, il se heurte avec le porte-coton de l'ex-grand homme, leurs yeux se rencontrent ; un hélas ! bien douloureux et mutuel prouva à tous les voisins que ces messieurs ne partageaient pas la joie publique.

Je vous entends, lecteur, vous exigez que, fidèle à ma promesse, je vous nomme le porte-coton de Nicolas ; rassurez-vous, je vais vous le dépeindre à tel point que vous ne puissiez vous y tromper.

Il est porteur d'un nom immense qu'il ne justifie d'aucune manière. Il est souverainement bête, et sous ce rapport, il ne devrait point être l'intime de M. de Jouy, à moins que ce ne soit comme ombre au tableau. Il fut, dès son entrée dans le monde, agité de la sotte démangeaison d'être quelque chose. Il tourmenta Barras, Cambacérès, Chaptal et beaucoup d'autres. Enfin, après cinq ou six ans de sollicitations, de courbettes et de génuflexions, Cambacérès le jeta dans la garde-robe de Buonaparte. — Lecteurs, gardez-vous bien de faire l'injure au vrai grand homme dont il porte le superbe nom, de le croire son descendant !.... vous vous plongeriez dans une erreur grossière.

Si, nonobstant tous ces renseignements, qui me paraissent assez clairs, vous désirez que je vous donne l'initiale de son nom, j'y consens. La voici : M. LE COMTE DE TURENNE, sot Marétiste, et très-sot ricaneur, quand, à tous les spectacles où il se trouve, l'orchestre cède au vœu général, en jouant l'air chéri : *Vive Henri IV*!

CHAPITRE XXXVIII

M. NOMPÈRE-CHAMPAGNY, EX-CADORE

Constituant. — Napoléonien par excellence. — Conseiller d'État. — Ambassadeur. — Ministre de l'intérieur. — Ministre de l'extérieur. — Chancelier d'un certain ordre de la Réunion, dont le siége devrait bien disparaître, par la seule raison qu'il fournit à certains malintentionnés la petite satisfaction d'afficher les trois couleurs. — Grand conducteur de la brillante escroquerie du royaume d'Espagne; escroquerie pour l'exécution de laquelle on lui avait adjoint Savary; escroquerie qui lui valut des dignités et des millions, tandis que le gibet seul aurait dû payer de tels services.

M. de Champagny servit tant et si bien l'usurpateur, qu'il arriva à toutes les grandes places de l'empire. Buonaparte s'imaginait qu'en demandant aux souverains du continent des plaques et des cordons pour ses complices, il parviendrait, par ce moyen, à déguiser leur bassesse. Etrange abus! tous ces hommes ne nous inspirèrent que la crainte et le mépris. La crainte!.... ils voudraient bien nous l'inspirer encore; mais impossible. Elle s'est envolée au 8 juillet dernier pour ne plus revenir; le mépris seul nous est resté; et c'est tout ce que nous pouvons conserver pour ces Excellences de fabrique.

Le bruit court dans Paris que tous ces suzerains d'un million d'écus d'or acquis, Belzébut sait comment, demandent des passeports pour les Etats-Unis..... Ombre de Washington, ta cendre se soulève à la nouvelle que Savary, Maret, Regnault, Hortense, Nompère, et tant d'autres, s'apprêtent à venir souiller la terre de la liberté! Rassure-toi, s'ils y viennent, ils ne seront plus dangerenx. Nous allons auparavant leur enlever cette suzeraineté, fruit de tous leurs crimes. Sans cela, je ne voudrais pas répondre que quelque beau soir Jefferson ne vînt t'annoncer dans l'Elysée qu'il a péri sur l'échafaud comme tyran des Etats-Unis; que ce pays si tranquille est en pleine insurrection; qu'on y crie vive Napoléon Ier, II, III même, et qu'un conseil de régence y délibère sur les moyens les plus prompts à employer pour consommer le grand œuvre de la régénération anglo-américaine; que Davoust y est généralissime, Carnot ministre; que Dumolard y motionne, et que Vicence et Rovigo y assassinent.

CHAPITRE XXXIX

L'EX-COMTE JAUBERT

Avocat de Bordeaux. — Napoléonien par-dessus les toits. — Tribun. — Conseiller d'État. — Gouverneur de la Banque de France, qui s'en souviendra longtemps. — Au 20 mars 1815, directeur des Contributions indirectes. — Enrichi ? pouvez-vous le demander ?... des millions, des millions et encore des millions. — Amendé ?... — En sorte que ?... certainement. Il faut sauter à pieds joints sur *l'éclat de la visibilité* de son amendement, et *cavere*.

M. Jaubert qui, pendant la première restauration, s'était caché dans la Cour de cassation, en sortit bien vite au 20 mars. Là, dans sa sphère, M. Jaubert s'empara d'une grande place à argent : la direction des Contributions indirectes. Retourner au gouvernement de la Banque de France n'était guère possible ; des souvenirs cartouchiens l'en excluaient à jamais ; il se contenta de faire à cette même Banque tout le mal qu'il put par ses perfides conseils, toujours saisis avec empressement par le

Corse, quand le résultat était de l'argent. M. Jaubert est du petit nombre de Bordelais que la grande majorité renie. Incorrigible dans son napoléonisme, il a préféré l'argent à l'estime générale. Il en sera bien puni, puisqu'il ne lui restera ni l'un ni l'autre ; car il ne faut pas que M. Jaubert s'abuse au point de croire que la France, réduite aux abois par ses concussions et celles de ses collègues, ne prendra pas un parti définitif ; et que ce parti ne sera pas celui de faire rendre les millions par ceux qui les ont pris.

Lecteur, il ne faut pas vous étonner si mes articles sont presque tous rassemblés dans un même cadre. Veuillez remarquer, je vous prie, que les deux ou trois cents individus que je cite se présentent tous du même côté. C'est toujours la cupidité, la sotte ambition, toujours le même égoïsme et la même espérance de voir quelque nouveaux troubles les porter de nouveau à la suprême puissance.

Mon but sera rempli, si je parviens à les désigner tous de telle manière qu'on ne puisse s'y méprendre. Otons-leur ces coupables richesses, acquittons-en nos énormes impôts de guerre, et livrons tous ces vampires au mépris ; débarrassés alors de toute sollicitude, vivons dans une douce paix, sous l'égide de notre bon roi. *Amen.*

CHAPITRE XL

L'EX-ARCHI-TRÉSORIER LEBRUN

Commis dans les bureaux du ministère sous l'ancien régime. Du conseil des Anciens. — Troisième consul — Archi-trésorier. — Gouverneur à Gênes. — Gouverneur en Hollande. — Le maître le bouda pour n'avoir pas su se faire tuer à la Haye. — Raccommodé au 20 mars. Pair du Corse. — Grand maître de l'Université. — Napoléonien?... pas trop. Son grand désir serait de rester tranquille, sans bourse délier. Enrichi?... Miséricorde!! .. Cambacérès et lui, les deux font la paire. — Viendra-t-il volontairement au secours de la patrie? Non. Patrie est un mot dont ces messieurs se servaient pour prendre l'argent des autres; une fois arrivés, patrie n'est plus dans leur dictionnaire. — Si cependant on ne le taxe qu'à dix ou douze mille francs, il payera tout en criant contre les malheurs du temps. Il retranchera certaines dépenses ostensibles, renverra deux ou trois laquais, et fera passer quelques millions de plus en Hollande. — On assure que tout ce qu'il a fait au 20 mars est un effet de ce sentiment qui poussa Buonaparte de Waterloo à Sainte-Hélène, la peur.

L'ambition, l'insatiable désir des richesses entraînent ordinairement les hommes au delà de la ligne ; M. Lebrun en est un exemple. Simple commis aux finances, bon fils, bon père, bon époux, admirateur des vertus de son roi Louis XVI, et plein de respect pour l'illustre famille de Condé ; si quelqu'un lui eût dit, il y a trente ans, en lui montrant le jeune duc d'Enghien : « Tu vois ce noble enfant, « dans vingt ans un. . . . .

« . . . .

« . . . .

« . . . .

« . . . .

« . . . .

« . . . .

« . . . . » Je ne crains pas d'être démenti, M. Lebrun eût reculé d'horreur, et rien n'eût pu soustraire l'infernal prophète à sa juste indignation.

Eh bien ! monsieur Lebrun, y a-t-il quelque chose d'exagéré dans ce que j'avance ? Et n'est-ce pas pour avoir bu à la coupe empoisonnée des grandeurs révolutionnaires sous le Consulat, que, malgré le cri de votre conscience, vous avez accepté, en 1804, en présence de Cambacérès, de Caulaincourt, d'Hullin et de Fouché, la place d'archi-trésorier ? N'est-ce pas à cette époque que vous avez dit à Buonaparte qu'il effaçait la renommée de Trajan ? Et n'est-ce pas à cette époque que l'Europe entière pleurait le récent assassinat du jeune prince? Et vous oseriez crier à la calomnie?... Je vous attends.

Je me résume.

Tous ces immenses dignitaires, tous ces grands enrichis ont l'assurance de l'impudeur ; ils sont convenus entre eux de nous présenter leurs vices et leurs crimes comme des vertus, et si nous ne voulons pas nous en accommoder, de passer outre. Il me semble cependant qu'il faudrait en finir avec eux... Le meilleur de tous les moyens, le plus simple, le voici : C'est de leur ôter la considération dont les environne l'éclat de leurs fausses dignités ; c'est de leur ôter tous leurs millions mal acquis, et de ne penser à eux que pour les surveiller.

CHAPITRE XLI

LE CARDINAL CAMBACÉRÈS

Chanoine de la cathédrale de Montpellier. — Frère de l'ex-archi-chancelier. — Devenu cardinal. — Archevêque de Rouen. — Sénateur. — Il devait officier à la parade du Champ-de-Mai ; son frère lui écrivit de faire le malade, et M. de Barral le remplaça. Malgré le peu de bien qu'il fait aux pauvres de Rouen, il peut, sans se gêner, prendre, sur ses petites épargnes, de sept à huit cent mille francs pour les besoins de cette pauvre France, que toutes ses prières n'ont pu préserver du retour des Bourbons. Du reste, grand mangeur de truffes comme son frère, et, comme son frère, grand...

La révolution trouva M. Cambacérès chanoine à Montpellier. Son frère partit bientôt après pour la capitale en qualité de représentant ; il jugea le vent, et le jugea bien. Il était à la république ; il jura donc haine à la royauté, il jura l'abolition de la noblesse, il jura l'anéantissement du haut clergé. Fidèle à ses serments, il fit Buonaparte empereur ; il se fit prince, et fit son frère cardinal. Voilà de la conscience !

M. le cardinal est tellement dévoué à son frère, qu'il ne sortirait pas du palais de l'archevêché sans en avoir auparavant déféré à l'ex-Altesse. Les Rouennais prétendent que leur archevêque dort toujours; la vérité est qu'il est très-peu communicatif. Il a, comme son frère, la manie de la grande représentation en public; beaucoup de laquais, de rouges et de noirs. Singe de l'ancienne cour royale, qu'il ne vit jamais, dans les premiers temps de son élévation à l'Éminence, sa seule occupation était de compulser le mémorial de la grande étiquette pour ne pas paraître emprunté dans l'exercice de ses hautes fonctions. Devenu, par sa place, le second personnage de la province, il doit faire une assez triste figure à côté du gouverneur, monseigneur le duc de Castries, que tant d'honorables souvenirs environnent. Tout porte à croire qu'incessamment Son Éminence se déterminera à la retraite, et voudra bien se rappeler que l'argent que son frère lui a fait donner par le Corse provenait des contributions levées en pays étrangers; que les souverains de ces mêmes pays redemandent ce que nous leur avons pris, et qu'un précepte sacré pour tout honnête homme, mais plus particulièrement pour un grand dignitaire de l'Eglise, nous dit :

« Le bien d'autrui tu ne prendras ni RETIENDRAS A TON ESCIENT. »

CHAPITRE XLII

M. DUCHATEL, EX-COMTE

Napoléonien de la création. — Conseiller d'État à vie. — Directeur-général à vie de l'enregistrement et des domaines. — Maintenu par le roi lors de la première restauration, le 20 mars le trouva tout porté. — Enrichi?... les habitants de Sceaux vous le diront. Les plus belles terres des environs appartiennent à M. Duchâtel. — Puis des millions en quantité. — Amendé? Je ne sache pas que son amendement ait acquis le degré d'*éclat de visibilité* convenable, pour qu'on soit en tout repos sur son compte. — M. Duchâtel est aussi un des grands admirateurs de madame Hortense.

M. l'ex-comte Duchâtel est un de ces hommes fortement pénétrés de l'idée que la France est le patrimoine de la clique, et que c'est un acte de rébellion notoire que de chercher à en expulser les Buonaparte, les Cambacérès, les Regnault, les Maret, les Duchâtel, etc. Resté en place lors de la première restauration, j'ignore pourquoi M. Duchâtel administra toujours dans le sens de son ancien maître. Hortense sut le maintenir dans une scrupuleuse fidélité. Tous ces messieurs avaient prêté serment à Louis XVIII avec une restriction mentale; imitant en cela les Espagnols quand ils jurèrent fidélité à Buonaparte, avec cette différence que le scrutateur suprême des consciences ne vit dans le parjure des Espagnols qu'un acte commandé par la force envahissante, et dont le but était de soustraire ces malheureux à la fureur, tandis qu'il n'a vu dans le cœur de tous nos traîtres qu'ambition, avidité, scélératesse.

M. Duchâtel est un de ces hypocrites qui cherchent à se faire des créatures en affichant de beaux dehors. Il fait travailler dans ses domaines, il emploie beaucoup d'ouvriers. Jusque-là c'est fort bien, mais voici ce qui est fort mal :

« — Bonjour, mes amis (à ses ouvriers) ; eh bien ! avancez-vous?

— Monseigneur, monsieur le comte, ça va tout doucement à la vérité, mais nous faisons de notre mieux.

— Je ne crois pas que je puisse vous occuper longtemps, malgré tout le désir que j'ai de soulager votre misère, qui va devenir bien plus grande.

— Vous croyez, monseigneur? On dit cependant que notre bon roi s'occupe...

— Ah ! oui, notre bon roi, je lui crois de bonnes intentions assurément ; mais il est si mal entouré... Voyez quelle paix on lui a fait signer !... que d'argent nous avons à payer !... combien de places fortes on nous prend !...

— M'est avis, monseigneur, que tout ça ne serait pas arrivé, si tous ces autres partisans de ce chien de l'ile d'Elbe ne l'avaient pas fait revenir.

— Et voilà, mes enfants, comme on vous trompe: personne n'y a contribué. Je ne vous dirai pas qu'il ait bien fait de revenir, mais un grand homme ne peut pas voir sans frémir que le beau pays qu'il a gouverné si longtemps, que le grand peuple par lequel il fit de si belles choses, tombe dans l'avilissement. Et puis, mes enfants, vous ne voyez pas cela comme nous : cette ancienne noblesse, cet ancien clergé !.., Ah ! mes amis, nous sommes ruinés; Dieu veuille que je me trompe, mais j'ai bien peur... Adieu, mes amis, travaillez ; j'irai jusqu'au bout. Quand je cesserai de vous donner de l'ouvrage, ce sera bien malgré moi. »

Tout en disant ces mots, M. Duchâtel rouvre son livre et continue sa promenade. Voilà qui est fort mal, monsieur l'ex-comte, et surtout fort vrai. Vos ouvriers sont là.

Ce que le hasard m'a procuré à Sceaux sur le compte de M. Duchâtel, on peut sans crainte l'appliquer à tous ces enrichis pour lesquels tous les moyens sont bons pour arriver à leur but : la dépréciation de la chère famille. Misérables! vous n'y parviendrez pas; nous sommes éclairés sur vos manœuvres, nous vous suivons pas à pas. Et quand les tribunaux ou les chambres nous auront fait justice des plus marquants, nos sages lois, nos fidèles ministres seront l'épouvantail du reste, et malheur à qui bronchera ! M. Duchâtel est, dit-on, du nombre de ceux qui demandent des passeports pour les États-Unis ; M. Duchâtel saura qu'avant de l'obtenir, il y a une certaine condition préalable *sine quâ non.*

CHAPITRE XLIII

L'EX-COMTE SYÉYÈS

Ex-abbé. — Constituant. — Conventionnel. — Directeur. — Ambassadeur. — Consul. — Sénateur. — Pair de Buonaparte. — Enrichi?... d'un seul coup de filet le Corse lui donna cinq cent mille francs de rente. — Bourbonnien comme Carnot. — Amendé?... Je vous en souhaite. — Dangereux?... beaucoup. — Par conséquent?... en l'air toutes les voiles du *caveant consules*. — Et M. Lanjuinais?... M. Lanjuinais portera dans tous ses traits l'*éclat de la visibilité* du malaise; mais cela nous importe peu, nous sommes convenus de ne pas y faire attention.

« 1788. Je jure sur l'Évangile de Dieu, au pied « de ses saints autels, et en sa divine présence, fi« délité, obéissance aux canons de l'Église.

« 1789. Je jure à mes commettants de n'agir à « l'Assemblée constituante que pour leurs intérêts.

« 1791. Je jure fidélité à Louis XVI, roi des « Français.

« 1792. Je jure haine à la royauté et fidélité à « la république.

« 1793. Je jure sur mon âme que Louis XVI a « mérité la mort.

« 1794. Je jure fidélité à la constitution de Ro« bespierre.

« 1795. Je jure que Robespierre, que j'ai tant « aidé et qui n'a pas réussi, est un infâme.

« 1796. Je jure fidélité au Directoire, si j'en « suis nommé membre.

« 1800. Je jure fidélité au gouvernement con« sulaire, si je suis consul.

« 1804. Je jure fidélité à mon souverain maître « l'empereur Napoléon, qui, à lui tout seul, réunit « toutes les légitimités possibles. Mes collègues « Carnot, Fouché, Merlin, Cambacérès, etc., « exigeant une petite garantie, j'y souscris, quel« que horrible qu'elle puisse paraître aux yeux des « honnêtes gens, qui, d'ailleurs, savent bien à « quoi s'en tenir sur notre compte; bien entendu « que pour ce dernier serment j'aurai la terre de « Crosne. Non, non. J'aime mieux l'équivalent en « argent; on ne sait trop ce qui peut arriver. »

J'oubliais un serment beaucoup moins connu que les précédents, et que M. Sieyès prêta, lors de son ambassade à Berlin. « En ma qualité de Français, « patriote par excellence, je jure à Son Altesse

« Monseigneur le prince de Brunswick, d'em-
« ployer, à mon retour en France, toute ma pré-
« pondérance et tous mes moyens pour déterminer
« les patriotes français, mes frères et amis, à poser
« sur sa tête allemande la couronne de saint
« Louis. »

Vous ai-je calomnié, M. Sieyès?... M'intenterez-vous un procès?... Prenez-y garde : *scripta manent.*

Français, savez-vous ce qui nous fait passer aux yeux de toutes les nations pour un peuple futile, un peuple sans esprit national?..; c'est la longue considération dont nous avons environné tous ces misérables. A chaque page, je suis obligé d'en venir au même refrain, et pourquoi? parce que je trouve toujours les mêmes crimes et les mêmes richesses. Eh bien! n'importe; à chaque page je crierai : Otons-leur ces immenses richesses; méprisons leurs dignités, et abandonnons-les à leurs remords.

Sieyès médite, dans ce moment, au fond de son cabinet, pour quelle famille, pour quelle branche il se déclarera, si jamais ses vœux sont exaucés, si la France en deuil pleure encore une fois le départ de cette auguste famille en qui elle a placé tout son amour et toutes ses espérances. Cela n'arrivera pas, non; tout nous en donne l'assurance; mais pourquoi ne pas faire cesser nos craintes, en ôtant à tous ces grands criminels les moyens de recommencer?.., Ils recommenceront, gardez-vous d'en douter; ils recommenceront, parce qu'ils ne peuvent rester sans gouverner; ils recommenceront, parce que ces cris unanime de *vive le roi! vivent les Bourbons!* les assassinent; ils recommenceront, parce qu'ils croiront réussir avec leur argent. Je suis bien convaincu qu'ils échoueront; mais pourquoi courir cette chance?... La révolution ne nous coûte-t-elle pas assez de notre sang le plus pur?... J'en reviens toujours à mon refrain: *Déconsidérons*-les, *démillionnons*-les (1), et nous serons tranquilles.

(1) Si mon néologisme n'est pas clair, voici une traduction: *Déconsidérons-les*, pour *ôtons-leur la considération; démillionnons-les*, pour *ôtons-leur les millions*. Et qu'on ne vienne pas me dire: Monsieur, je ne considère pas Sieyès, Cambacérès, Merlin, Savary, etc. J'ai toujours regardé ces gens-là comme de grands criminels; je répondrai: Si vous ne les considérez pas, tant mieux pour vous, mais le peuple qui ne voit que les plaques, les cordons, les broderies, les voitures, les laquais, le peuple considère, vénère même, et c'est ce qu'il ne faut pas.

Voulez-vous un exemple pris dans les grandes dignités militaires? Que le maréchal Macdonald et Davoust paraissent dans un cercle; ils seront ostensiblement investis de la même considération, et c'est ce qu'il ne faut pas. En voulez-vous un autre? Le duc de Reggio et Augereau recevront dans le monde les mêmes marques de déférence, et c'est ce qu'il ne faut pas.

Que monseigneur le premier président de la Cour de cassation, M. de Sèze, traverse la place du Carrousel dans sa modeste voiture, le peuple ne s'en apercevra pas; que dans le même moment Cambacérès y passe dans la voiture avec laquelle il fut rendre viside à Canino, le peuple ôtera le chapeau, reconnaîtra Cambacérès, et le croira encore tout-puissant. N'est-ce pas une monstruosité?... Et n'allons pas si loin, ce même Cambacérès n'est-il pas, au moment où j'écris, traité d'Altesse, de Monseigneur. de mon Prince, par tous les individus qui dînent chez lui?... Demandez au chevalier de Malte d'Aigrefeuille.

CHAPITRE XLIV

L'EX-COMTE HULLIN

Grand incorrigible.

Sergent en 1789, Hullin commença de bonne heure. Il trempa dans l'assassinat de M. de Launay, gouverneur de la Bastille. Il ne fut étranger à aucun des autres mouvements séditieux de Paris. Il présida le conseil des égorgeurs du duc d'Enghien. Il reçut pour ce crime le titre de comte, le commandement de Paris, des millions et un bon dîner chez Cambacérès. (On voit que le Corse appréciait les grands exploits.) Il fut gouverneur de Berlin et commandant de Vienne. Il a des terres immenses dans l'Auvergne et sur les bords de la Loire. Il a un domaine qui s'appelle *les Agneaux*; à propos de ce nom, j'ai lu quelque part qu'un tigre avait pris le nom de Robin pour mieux tromper les paisibles habitants des forêts. — Le 20 mars, à sept heures du soir (entre chien et loup), Hullin alla visiter le château des Tuileries pour voir s'il n'était pas miné. On l'entendit faire l'exclamation suivante : « Enfin, nous voici chez nous, et pour une bonne fois. » Une heure après, quand dix à douze de ses acolytes eurent apporté tous les crimes dans le noble asile des vertus, l'usurpateur dans l'appartement de notre bon roi; Hullin, se prosternant, s'écria : « Enfin, vous y voilà, not' maître ! « nous verrons maintenant quel sera le b..... qui « vous en fera déguerpir. (Il porte la main à son « épée.) Ce ne sera pas du moins tant que je vi- « vrai. » Belliard, Excelmans, Davoust, Carnot, toute la clique enfin, la main à la garde de l'épée : « Oui, oui, Sire ; oui, l'homme du siècle, nous « mourrons tous plutôt que de souffrir qu'il soit « porté la moindre atteinte à la légitimité de votre « dynastie. » On affirme que le Corse, peu rassuré, fit une vilaine grimace, en leur disant : « C'est bien, messieurs, je vous sais gré de votre « noble et surtout très-*désintéressé* dévouement ; « mais j'aurais désiré un peu plus d'*éclat de la* « *visibilité* dans l'accueil que mes bons Parisiens « viennent de me faire ; je ne vous cacherai pas « que ces rues désertes, ces portes fermées avec « précipitation, ce bruit de verroux..... contrastent

« un peu avec l'enthousiasme dont je croyais ma « bonne ville de Paris pénétrée... Ne serait-il pas « possible, à force d'argent, de me faire jouir de « la présence de cette fameuse *Conspiration des* « *mouchoirs*, qui le 3 mai dernier, accompagna « depuis Saint-Denis jusqu'ici l'usurpateur qui ve- « nait me ravir ma couronne?... Je promets à celui « qui me procurera cette satisfaction, si douce « pour un cœur sensible comme le mien, autant « d'or que j'en ai laissé prendre à mes maréchaux « Davoust et Masséna. — Ah! ben oui, dit Hullin, « que diable nous demandez-vous là, Sire? c'est la « chose impossible. Il y avait les quatre-vingt-dix- « neuf centièmes des habitants de Paris, tous ceux « des environs à vingt lieues à la ronde, et une in- « finité d'autres des villes les plus éloignées de la « capitale; si Votre Majesté daigne m'en croire, « elle renoncera à cette idée. Assurément la ré- « compense est belle; autant d'or que Votre Ma- « jesté en a laissé prendre à Davoust, à Masséna! « Ça va loin, Sire. — N'importe : je sais tout ce à « quoi je m'engage, je tiendrai, foi de Napoléon! — « Foi du diable! ça ne se peut pas, répond Hullin, « ça ne se peut pas. Vous mettriez à leurs trousses « tous les *Fouché*, tous les *Savary*, tous les *Du-* « *bois*, tous les *Verat*, tous les *Réal*, tous les *La-* « *borde*, tous les *Foudras*, et tous les *Pâque* de

« votre empire, qne vous n'en viendriez pas à « bout. Renoncez-y. D'ailleurs, Votre Majesté n'a « rien à craindre de ces gens-là ; à la vérité, ils « ne vous aiment pas, ils nous méprisent ; mais « c'est égal, ils ne sont pas dangereux. Mirabeau, « qui avait plus d'esprit que moi, vous le croirez « sans peine, les appelait *la faction des honnêtes* « *gens*. Il les avait tous contre lui. Eh bien ! il ren- « trait à toutes les heures de la nuit, seul, sans « armes ; et jamais il ne lui est rien arrivé. Ne « craignez rien, Sire, allez votre train, et passez- « vous des honnêtes gens, puisqu'il est vrai qu'ils « ne se rangeront jamais de notre bord. — Assez, « dit Buonaparte, j'ai besoin de repos ; à demain, « messieurs. (Il les rappelle.) Écoutez, mes amis, « je vais vous donner un bon conseil. On ne sait « pas ce qui peut arriver ; je suis votre empereur « aujourd'hui ; je ne le serai peut-être pas demain. « Si par cas il advient un jour qu'on vous fasse un « crime de m'avoir prêté les mains, n'ayez jamais « la bêtise de donner pour excuse que mon gouver- « ment avait l'*éclat de la visibilité*. On se moque- « rait de vous ; toute la France vous démentirait. « Adieu, messieurs, à demain. »

CHAPITRE XLV

M. FONTANES

Journaliste au commencement de la révolution. — Professeur de belles-lettres. — Président du Corps législatif. — Sénateur. — Comte. — Grand maître de l'Université. — Conseiller de cette même Université. — Enrichi ? .. partez du point de journaliste à tant la feuille, et jugez par la nature de toutes ses places. — Joignez ensuite cette rétribution exigée de toutes les maisons d'enseignement de France, et vous trouverez un résultat de quelques millions. — Au 20 mars?... Ah ! par exemple, vous m'en demandez trop. Cette affaire n'est pas bien lucide. — Au reste, M. de Fontanes n'est pas régencier, ne fomente pas de troubles; il ne veut qu'une chose, garder ses grandes richesses. — Il regrette bien un peu la simarre; mais que faire ? on ne peut pas tout avoir.

M. Fontanes est, sans contredit, le plus intrépide architecte de ces grandes phrases, dont la superbe structure porta toujours celui qui les payait à un si haut point d'élévation, qu'il n'était plus possible de l'apercevoir. A Dieu ne plaise que je veuille parler ici des vérités incontestables que M. Fontanes adressa à notre sage monarque, lors de la première restauration. On ne saurait offrir son hommage à Louis XVIII, sans que le cœur se mette un peu de la partie; et M. Fontanes dut sentir, en écrivant pour son roi légitime, qu'il est bien plus facile de trouver l'expression convenable à la louange de toutes les vertus effectives, que celle qu'il faut employer pour colorer, du vernis de ces mêmes vertus, tous les vices et tous les crimes. Ses pompeux discours, dans ce dernier cas, se ressentirent toujours de la gêne où le mettait son héros si peu ressemblant aux immenses portraits qu'il nous en fit. Son expression alors gigantesque, fausse et guindée, contrasta toujours avec la vérité, fille de la nature; et M. Depradt nous ayant appris, d'après le Corse, qu'*il n'y a qu'un pas du sublime au ridicule*, M. Fontanes, sublime en parlant le langage de la vérité à notre vertueux monarque, n'était que ridicule en prônant la modestie et l'humanité de Buonaparte. Le temps nous apprendra, je l'espère, que M. Fontanes n'est point un de ces hommes pour lesquels la patrie n'a été qu'un pont pour arriver aux dignités et aux millions, rompu dès qu'il n'a plus été utile. Il connaît nos malheurs, la source de sa grande fortune, et le généreux exemple de son roi.

CHAPITRE XLVI

L'EX-COMTE QUINETTE

Grand révolutionnaire. — Grand napoléonien. — Ministre de l'intérieur sous le Directoire. — Conseiller d'État. — Préfet à Amiens. — Ensuite chargé de la comptabilité des communes et des hôpitaux. — Pair du Corse. — Et en dernier lieu, membre de la fameuse commission provisoire du gouvernement, à laquelle on ne contestera pas, je l'espère, *l'éclat de la visibilité* DU CRIME : *Carnot, Fouché, Caulaincourt, Quinette.* — Enrichi?... Ni plus ni moins que ses trois collègues, et tout aussi légitimement. — Et le *caveant consules?...* Indispensable. Et M. Lanjuinais?... M. Lanjuinais finira par se taire et fera fort bien.

Le jour où la France éplorée vit partir (cependant avec joie) le reste d'un si beau sang, le reste de nos vertus, Son Altesse Royale Madame, ce jour nous ramena Quinette et quelques-uns de ses complices. Quel échange! Ah! si les bons Français eussent été libres dans l'expression de leurs vœux, bien loin de rappeler Quinette et consorts, ils eussent de tout leur cœur livré Merlin, Carnot, Fouché, et tout le reste de la bande, pour pouvoir conserver cette auguste princesse et adoucir, à force de respects, d'hommages, de vénération et d'amour, les malheurs inouis dont ces monstres venaient de l'accabler. Ils se fussent empressés d'appeler par leurs acclamations ces oncles et ces cousins chéris dont la présence seule devenait un baume consolateur pour Son Altesse. Hélas ! il était arrêté, par la divine Providence, que la France, que l'Europe, devaient expier par vingt années de guerres et de troubles l'assassinat de cette vertueuse famille ; il était arrêté que les vœux de tous les bons Français ne seraient exaucés que vingt ans plus tard, et que ce serait qu'au 8 juillet 1815, que nous jouirions définitivement du bonheur d'être gouvernés par les restes précieux de cette branche adorée, échappés à la hache homicide de tous ces monstres.

Conclusion.

Quinette vota la mort de son roi légitime ; Quinette favorisa de tous ses moyens l'exécution de toutes les scélératesses de l'usurpateur. En criant liberté, égalité, Quinette s'empara de plusieurs millions. Quinette, au 30 juin, négociait pour l'extinction de la branche régnante ; Quinette demandait à grands cris la fameuse garantie. La France plie sous le faix des impositions, et Quinette garderait ses millions? Non, non. Pairs de France, députés des départements, ministres de notre sage monarque, vous ne le souffrirez pas, vous sauverez la France. Et pourquoi hésiteriez-vous? Quelle crainte pourrait vous arrêter? Ai-je besoin de vous dire que vous marchez sur des volcans; que ces hommes criminels ont tout l'or de la France, et qu'avec cet or, si indignement acquis, ils s'apprêtent à renouveler les épouvantables horreurs sur lesquelles vous pleurez depuis vingt-trois ans? Rappelez-vous bien que, premières victimes immolées à leur fureur, la mort ne sauverait pas votre mémoire de la tache d'avoir pu prévenir le retour de pareilles infamies et de ne l'avoir pas fait.

CHAPITRE XLV

L'EX-COMTE PELET DE LA LOZÈRE

Conventionnel. — Conseiller d'État à vie. — Chargé d'un arrondissement de la police. — Enrichi ?... lui et les siens. — Au 20 mars ?... *On revient toujours à ses premières amours*. MM. Pelet, père et fils, s'empressèrent le 21 d'aller mettre aux pieds du grand homme leurs respects et leur joie : ils se hâtèrent aussi de reprendre toutes leurs places. — Intriguent-ils pour quelque régence ?... Je ne le crois pas. Mais si elle arrive, nous ferons valoir nos droits. Nous sommes là.

M. Pelet de la Lozère tient toute sa fortune des grandes places qu'il a gérées pendant la révolution, et surtout sous le Corse, auprès de qui la protection de Cambacérès lui fut d'un grand secours. Arrivé, comme tant d'autres, avec la chaussure qu'a si bien désignée M. de Labourdonnays, dans son projet de loi, M. Pelet n'eut pas plus tôt endossé l'habit brodé, qu'il voulut, comme tous ses pareils, nous faire croire qu'il n'en avait jamais porté d'autre.

Les rubans dont le Corse le décora, pour des services dont la France se serait bien passée, n'eurent pas plus tôt atteint sa boutonnière, que M. Pelet rêva qu'il les tenait de ses ancêtres ; et le lendemain de ce beau rêve, il s'emporta contre tous ceux qui ne voulurent point l'appeler M. le comte *de Pelet.* Singes de l'ancienne noblesse, tous ces petits grands parvenus, dans le moment même où ils se confondaient en injures contre ces vertueuses victimes de leur cupidité, cherchaient à imiter toutes leurs manières. Mais, comme l'on dit, *la caque sent toujours le hareng.* Il ne fallait pas leur parler longtemps pour les juger bien vite. Beaucoup de morgue, d'impudence, et rien de cette aménité gracieuse qui rend la supériorité plus supportable. Voulez-vous un exemple de ce que peut la sottise ? J'ai entendu ce même Pelet s'exprimer, dans un cercle, de la manière suivante, en parlant de Sa Majesté la reine de Naples, la fille de Marie-Thérèse, la tante de Son Altesse Royale madame la duchesse d'Angoulême, à l'époque où l'usurpateur envahit les Etats de son époux pour y faire régner l'un de ses frères, et par suite le charcutier de Cahors. Quelqu'un donna la nouvelle que la reine de Naples s'était embarquée pour l'Angleterre : *Eh bien,* dit Pelet en caressant son jabot, *c'est une intrigante de plus sur le pavé de Londres.* Dieu ! ! ! ...

Français, ma tâche sera remplie, si je suis assez heureux pour parvenir à vous faire partager seulement la moitié du mépris que ces gens-là m'inspirent : je serai content. Dès ce moment, ils ne seront plus dangereux ; ils ne jouiront pas longtemps de leurs concussions et de leurs rapines.

Le fils Pelet, sorti des bancs du conseil d'État, n'a été ni moins rampant, ni moins orgueilleux, ni moins singe d'ancien grand seigneur, que son père ; sa fortune vient de la même source. Il administrait les forêts de la couronne du Corse. Le 25 mars, il courait déjà se faire reconnaître, en s'écriant : *C'est moi ! c'est moi ! nous voici revenus ! — Hélas ! nous le voyons bien*, dirent les pauvres paysans, *et ce n'est pas ce qui nous plaît le plus.*

Si les vœux des Français sont exaucés ; si ces gens-là se retirent comme ils sont venus, il ne faudra pas grand' chose à cette famille. M. Pelet, lors de la première restauration, ne jugeant pas le retour de l'empereur si prompt, chercha à se faire un appui bourbonnien ; et pour cela, il maria sa demoiselle à un officier supérieur des mousquetaires ou des gardes-du-corps du roi ; je présume que ce général, qui s'appelle M. Ménadier, a dû suivre Sa Majesté à Gand, et être fort surpris à son retour, en apprenant que son beau-père avait napoléonisé de plus belle pendant l'interrègne.

Si j'avais eu l'honneur de servir le roi, ou quelque membre de son auguste famille, je répugnerais à de pareilles alliances, ou tout au moins je voudrais être bien convaincu que la jeune personne ne partagea jamais les sentiments de son père, et qu'il n'y a rien de *campanique* (1) dans son éducation.

(1) *Campanique*, pour *de madame Campan*. Pardon, belle institutrice ; mais vous formâtes Hortense.

CHAPITRE XLVIII

M. JEANOT-MONCEY

EX-MARÉCHAL DE FRANCE

M. Jeanot-Moncey était avant la révolution grenadier dans le régiment de Champagne ; il parcourut la carrière militaire avec distinction, et arriva à la suprême dignité sans avoir de trop grands reproches à se faire. Il profita de la circonstance, il s'enrichit, et beaucoup. Lors de la première restauration, M. Moncey, délié par l'abdication de tout serment de fidélité à l'usurpateur, fut le premier de tous les maréchaux qui jouit de l'inappréciable bonheur de saluer le roi de France. Ce fut à Calais que l'ex-maréchal, voulant se précipiter aux genoux du monarque, tomba dans les bras que lui tendait Sa Majesté, et se sentit pressé sur ce cœur royal... Je m'arrête : dix mois après M. Jeanot-Moncey acceptait la pairie du Corse. Six mois plus tard, M. Moncey donnait à la France entière, à une armée rebelle, encore non soumise, l'exemple de l'indiscipline. M. Moncey, subissant dans ce moment la peine de cette grande faute, m'impose l'obligation de ne pas lui rappeler tout ce que sa grande fortune doit à nos malheurs.

CHAPITRE XLIX

M. FRANÇOIS DE NEUFCHATEAU

Avocat au parlement de Paris. — Membre de nos assemblées législatives. — Ministre. — Directeur. — Comte. — Sénateur. — Titulaire de la sénatorerie de Bruxelles. — Enrichi ?... beaucoup. — Dangereux ?... non, pas du tout. — Par conséquent le *caveant* !... inutile. — Offrira-t-il volontairement pour le soulagement des maux de la patrie qui les a tant enrichis lui et tous les autres?... Rien.

Vous ne ferez jamais entendre à nos modernes enrichis qu'ils sont tenus à restitution. M. de Neufchâteau, le plus honnête de nos révolutionnaires, vous dira que le directoire, que le sénat, que la sénatorerie de Bruxelles furent la récompense de grands services rendus à la patrie. Si vous lui demandez où sont ces services, il vous renverra aux registres des délibérations du directoire, et aux archives du sénat. C'est là que gisent, étendus sur le parchemin, ces actes émanés de consciences sans reproches, ces actes qui attesteront à la postérité la plus reculée que tous ces messieurs ne furent jamais animés d'aucun autre amour que de celui de la patrie ; et que l'espoir des richesses, l'espoir des dignités ne leur arracha jamais un *oui* contre le cri de cette même conscience. Que voulez-vous attendre des autres, si M. François de Neufchâteau vous fait cette réponse? et très-certainement il vous la fera. Quelque convaincu que je sois que M. de Neufchâteau ne viendra pas de gaieté de cœur au secours de cette pauvre France qu'il aime tant, à l'argent près; quelque exagérées qu'aient été ses longues phrases révolutionnaires, je persiste à croire que nous pleurerions beaucoup moins si tous ses collègues lui eussent ressemblé. Il ne s'ensuit pas de là qu'on ne doive prouver à M. de Neufchâteau, et plus particulièrement aux autres enrichis, que Buonaparte leur donna, pour prix de leur lâche complaisance, des richesses qu'on vient nous reprendre aujourd'hui, et que ce n'est pas à ceux qui ne les ont pas reçues à les rendre. Quant à leurs prétendus services rendus à la patrie, qu'ils se taisent, à moins qu'ils n'aient juré de pousser à bout notre patience.

CHAPITRE L

L'EX-COMTE BOULAY DE LA MEURTHE

Napoléonien incorrigible et dangereux. — Conseiller d'État à vie. — Président de la section de législation. — Représentant au dernier club de M. Lanjuinais. — Coopérateur de ce beau monument : acte additionnel, etc — Ministre de la justice au 20 mars, pour donner à Cambacérès le temps de dîner. — Il ne voulait pas que le patron abdiquât au 21 juin.

Quand Garat proposa, dans la fameuse assemblée, que ce fût Lanjuinais qui mît la couronne sur la tête du roi qu'ils allaient élire, Boulay fit ajouter que le ministre de la justice lui mettrait l'épée au côté ; ils appellaient cela *bill des droits*. On observera qu'au moment où ils nous donnaient ces *billevesées*, Fouché déclinait leur juridiction, et leur écrivait de prendre garde à eux ; et les Prussiens arrivés sur le péristyle du Corps législatif, répondaient à Félix Lepelletier, qui leur disait que l'asile des représentants était inviolable, « *Nix, nix, Buonaparte capout.* »

Pourquoi faut-il que ces scènes, vraiment plaisantes, se soient passées dans des moments si terribles ? Elles eussent été le sujet d'une parodie curieuse. Quoi de plus ridicule, en effet, que trois ou quatre saltimbanques, se disputant entre eux à qui mettra la couronne sur la tête du monarque, à qui l'armera chevalier ? Le souvenir de cette pasquinade m'a distrait un moment de mon sujet ; j'y reviens. Boulay est très-riche par le fait de toutes ses complaisances envers le Corse. Boulay agira toujours dans le sens d'Hortense et de Maret ; et, finalement, Boulay provoque, par ses intentions et ses menées, toute la vigilance des organes de nos sages lois.

CHAPITRE LI

LE MARÉCHAL LEFÈVRE

Sergent aux gardes françaises. — L'un des vainqueurs de la Bastille. — Il a traversé la révolution, toujours dans la carrière militaire. — Sénateur. — Préteur du Sénat. — Maréchal de France. — Enrichi?... étonnamment.

M. le maréchal Lefèvre fut, comme beaucoup d'autres, l'artisan de sa grande fortune militaire. Buonaparte se chargea de le combler de dignités et d'argent; et, sous ce rapport, M. Lefèvre n'eut pas à se plaindre. En avril 1814, le maréchal délié, par le fait de l'abdication de l'usurpateur, s'empressa de souscrire aux actes du gouvernement provisoire, et quand son roi légitime fut monté sur le trône de ses ancêtres, M. le maréchal lui jura fidélité. Le 5 mars on apprend la nouvelle que l'usurpateur a touché la terre qu'il inonda de sang et de larmes, on court aux armes; j'ai vu moi-même

M. le maréchal Lefèvre, descendant de chez Son Altesse Royale Mgr le duc de Berry, s'adresser à des jeunes gens rassemblés dans la cour du château, et leur dire : « Courage, mes enfants, il n'arrivera pas » jusqu'ici ; nous irons à sa rencontre, je vous con- » duirai : je fus son ami, c'est vrai ; il m'a fait du » bien ; mais il m'a délié de mes serments, il ne » m'est plus rien : je ne vois en lui que l'ennemi de » la France, de notre bon roi, et j'irai le combattre » à votre tête. *Vive le roi!* » M. le maréchal, après cette courte harangue, partit laissant ces jeunes gens dans la ferme persuasion que notre bon monarque n'avait pas de serviteur plus fidèle. — Le 5 juin, M. Lefèvre était pair du Corse.

CHAPITRE LII

L'EX-GÉNÉRAL GROUCHY

Incorrigible. — Révolutionnaire. — Ingrat. — Parjure. — Bien digne de tout le *caveant* qu'exercent sur lui les ministres de notre bon roi. — Enrichi?... comme ils le sont tous.

La révolution trouva Grouchy, comme tant d'autres, disposé à l'ingratitude. Officier des gardes-du-corps du Roi, compagnie écossaise, il tenait cette honorable place de la munificence de Marie-Antoinette, sa reine, qui la lui fit obtenir lors de son mariage avec Mademoiselle de Pontécoulant. L'exemple de tous ses braves camarades ne put rien sur lui. Il trahit, il abandonna le vertueux Louis XVI, son roi, son père, puisqu'il venait de lui assurer son existence, et se livra tout entier aux abominables principes de ses deux beaux-frères, Condorcet et Pontécoulant. Il parcourut la carrière militaire, en servant tous les partis, et arriva aux pieds du Corse comme tous ces fameux républicains qui avaient juré haine à la royauté. Il rampa, il adula, et obtint comme les autres des rubans et des millions. Louis XVIII, inépuisable dans sa clémence, dans son oubli des injures, fidèle dans l'accomplissement des dernières volontés d'un frère martyr de son amour pour son peuple, Louis XVIII voulut ne plus se rappeler l'ingratitude de Grouchy. Sa Majesté reçut les serments de l'ex-général, le confirma dans toutes ses dignités; il fut même question de lui donner le commandement de l'une des compagnies de la maison royale. D'après cela, vous fussiez-vous attendu qu'au 20 mars, Grouchy, joignant la trahison à l'ingratitude, ne prendrait les armes que pour favoriser la nouvelle invasion, et, qu'altéré du sang de son royal bienfaiteur, il oserait combattre l'un de ses neveux chéris, idole des Français? Eh bien! voilà Grouchy!

Des personnes bien instruites assurent que, guidé par ses vues ambitieuses, Grouchy ne visait à rien moins qu'à pouvoir offrir à Carnot, à Quinette, à Merlin, cette garantie au moyen de laquelle on arrivait à tout avec eux. Le dévouement des braves habitants du Midi, leur amour pour les Bourbons, sauva Son Altesse Royale Mgr le duc d'Angoulème du funeste sort du duc d'Enghien.

Quant à moi, je demeure convaincu que le célèbre avocat qui naguère pouvait à peine s'exprimer, tant était profond le respect que lui inspiraient son client et les juges en qui, *disait l'avocat*, réside tout l'honneur français ; je suis convaincu, dis-je, que notre avocat eût tout à fait perdu la parole, si, en remplacement de MM. de Joinville, Gründler, Claparède, l'auguste aéropage eût réuni MM. Grouchy, Soult et Vandame. Que d'honneur français de plus !!!...

CHAPITRE LIII

LES MARÉCHAUX JOURDAN, KELLERMANN, MORTIER, SUCHET, GOUVION-SAINT-CYR, SERRURIER.

L'avancement rapide de tous ces messieurs appartient à la révolution, leur gloire militaire à la postérité, leur fortune à nos malheurs. Dans aucun pays du monde, quelque brillante qu'ait été la carrière militaire d'un homme, on n'a vu d'exemple d'une armée dont les chefs s'étaient faits millionnaires. Encore quelques années de ce système, et c'était fini : nous devenions, tous tant que nous sommes, serfs des généraux. Les puissances étrangères auraient bien dû, puisque leur intention était de se faire restituer les sept cent millions que l'usurpateur leur avait pris, faire pour l'argent ce qu'elles ont fait pour les tableaux, le prendre là où il était. Elles nous eussent évité un grand embarras, et cette opération eût terminé nos malheurs. Un fait constant, c'est que tous ces messieurs n'avaient rien ; qu'ils ont tous, plus ou moins, beaucoup pris, et qu'il ne s'en présente pas un qui dise : « Je me suis » enrichi en me battant pour un Corse, dont l'insa- » tiable ambition fit pendant quinze ans le tourment » de ma patrie ; je l'ai aidé dans les guerres injustes » qu'il déclara à tous les peuples ; j'ai, par son » ordre, levé d'énormes impôts dans tous les pays » conquis, et j'en ai gardé une bonne part pour » moi ; aujourd'hui, vaincus à notre tour par ces » mêmes peuples, forcés de leur rendre ce que nous » leur avons pris, il n'est pas juste que cette resti- » tution pèse sur la patrie déjà désolée ; j'offre la » moitié de ma fortune, satisfait qu'à ce prix l'on » me laisse l'autre moitié, récompense plus que suf- » fisante de tous les mauvais services que j'ai ren- » dus à cette même patrie. »

Celui de ces messieurs qui s'exprimerait ainsi ne ferait qu'un grand acte de justice et de probité : eh bien ! vous allez les entendre crier à la calomnie ! à l'outrage !... Messieurs les députés, ne les écoutez pas ; poursuivez ; sauvez la France et la chère famille.

CHAPITRE LIV

LES MARÉCHAUX DE FRANCE MACDONALD, OUDINOT, MARMONT, PÉRIGNON, VICTOR, CLARKE.

Braves gens! enrichis; mais qui ne seront pas sourds.

Véritable honneur de nos armées, ces maréchaux nous feront oublier que beaucoup d'autres ne leur ressemblèrent pas; entraînés par le torrent, ils suivirent le faux grand homme; mais dès que la bannière de leur roi légitime leur fut offerte, ils l'embrassèrent pour ne jamais s'en dessaisir. Les prières, les promesses et les menaces de l'usurpateur les trouvèrent inflexibles. Violer la foi jurée à Louis XVIII leur parut toujours un crime épouvantable. La France leur devra une franche coopération au retour de la tranquillité; la patrie désolée les trouvera disposés à tous les sacrifices qui pourront assurer son bonheur; et en les continuant dans les premières dignités de l'État, notre sage monarque a justifié l'opinion publique, une sur leur compte.

Voilà ce que valurent toujours à l'homme de bien la fidélité, l'honneur, l'inviolabilité des serments. Les tribulations, les persécutions même, ne peuvent rien sur une âme honnête fortement pénétrée de ses devoirs; et c'est avec juste raison qu'un adage nous dit : « La vertu tôt ou tard trouve sa récompense. »

CHAPITRE LV

L'EX-COMTE RŒDERER

L'un des révolutionnaires les plus intrigants. — Membre de toutes les administrations insurgées de Paris. — Républicain pour de l'argent. — A plat ventre aux genoux du Corse pour de l'argent. — Sénateur. — Titulaire de la sénatorerie de Caen. — Ministre d'État. — Intendant du grand-duché de Berg. — Au 20 mars ?... commissaire de l'usurpateur pour aller à Metz changer les administrations et faire des fédérés. — Enrichi ?... comme les plus fameux. — Amendé ?... comme Boulay, son intime. — Intrigue-t-il ?... toujours, et en dessous, comme Tartufe. — Qu'était-il avant la révolution ? journaliste. — Que voudrait-il ? comme M. de Lafayette, seulement un changement de br... Sus! sus! tout le *caveant*. — Et M. Lanjuinais ?

M. Lanjuinais fera peut-être proposer à S. M. Louis XVIII d'essayer ce changement-là, tout comme il fit donner à Sa Majesté le conseil de se mettre à la merci de sa jacobinière, « qui lui eût

« amené l'argent et les bons sujets de l'armée, » et qui lui eût donné pour capitaines de ses gardes, Vandame, Bory-Saint-Vincent, Clauzel, Gili et Carnot pour chambellan. — Mais M. Lanjuinais n'a pas dit cela?... Les gens *qui lisent* trouvent dans le Mémoire justificatif de M. Lanjuinais, publié le 3 décembre 1815, que lui Lanjuinais, qui parle, avait fait donner à Louis XVIII le conseil de ne pas convoquer d'autre assemblée que la sienne, qui lui eût amené l'armée et l'argent. Cela est-il clair?... Messieurs les députés des départements, M. Lanjuinais ne vous l'envoie pas dire; le roi s'en serait beaucoup mieux trouvé. C'est le 3 décembre qu'il l'a écrit et signé. Lisez son Mémoire. Ce conseil de véritable ami se trouve quelques pages avant l'*éclat de la visibilité* du gouvernement de Nicolas, qui ne fut jamais, comme vous savez, ***un chevalier sans peur et sans reproche***. Témoins l'***Egypte***, ***Waterloo***, le 13 ***vendémiaire***, ***monseigneur le duc d'Enghien*** et ***Moreau***.

Encore une digression et toujours M. Lanjuinais qui en est la cause! Pardon, lecteur, mais vous avouerez qu'il est bien pénible de voir un pair de France vendre, en décembre 1815, de pareilles opinions, et les justifier de la sorte. Je reviens au fameux Rœderer.

Rœderer fut l'ami, l'adjoint de tous les grands intrigants, de tous les grands criminels de la révolution ; il est, comme Lafayette, un vieil apôtre de l'égalité ; en machinations, en criminelles sottises, ces messieurs datent de loin ; l'un favorise le départ de son roi pour aller, dix minutes après, le dénoncer à ses bourreaux ; l'autre, à la tête d'une administration perfide, abreuve ce vertueux monarque d'amertume. Ils crient tous les deux : liberté ! égalité ! l'un pour singer Washington, l'autre pour s'enrichir. Arrive la république ; Lafayette est obligé de fuir pour soustraire une partie de sa fortune et sa tête à la rapacité des sans-culottes ses anciens amis. Rœderer, qui n'avait rien, cria mort au tyran et vola comme les autres. Arrive enfin le Corse pour combler la mesure, et Rœderer se prosterne ; dès lors, les cordons, les dignités, les millions, viennent assouvir la cupidité de mon intrigant ; constant dans sa bassesse, il brûle aux pieds de l'usurpateur l'encens qu'il offrait à Pétion quand il conspirait pour le porter à la dictature.

Députés des départements, le jour où, par une sage loi, vous ferez rentrer dans le trésor royal, pour acquitter l'immense dette de l'État, tout l'or dont se sont gorgés ces misérables, votre justice sera toute resplendissante de cet *éclat de la visibilité* dont Lanjuinais cherche vainement à environner l'usurpateur qui le confirma président des jacobins.

CHAPITRE LVI

RÉAL

EX-COMTE

Quel beau nom ! comme ça sonne bien en révolution, Réal ! et quel début ! procureur de la fameuse Commune de Paris ; quels gracieux souvenirs ! — Le Corse qui se connaissait en honnêtes gens fit le républicain Réal conseiller d'Etat à vie. — Directeur d'un arrondissement de la police générale. — Préfet de la police de Paris au 20 mars, et j'ose dire qu'il s'en est tiré avec honneur ; je vais vous conter ça. — Enrichi ?... Outre les trois ou quatre millions qu'il avait déjà au 20 mars, il a, dans ces derniers temps, volé plus de quinze cent mille francs à Nicolas !... mais enfin c'est de ses mains qu'il les reçut.

Réal, fils de portier de quelque grand seigneur, dénonça son maître au comité de la section, en reconnaissance de ce que ce bon maître avait pris soin de l'élever bien autrement que n'aurait pu le faire son père. Le bienfaiteur périt sur l'échafaud par les soins pieux de son élève, et Réal fut nommé procureur de la célèbre Commune. Lecteur, vous frémissez? et vous n'aviez (à quelques exceptions près) que de cette graine dans le sénat, dans le ministère, dans le conseil d'Etat, et dans toutes les administrations du Corse. L'ingratitude avait des autels à cette cour. Le maître avait donné l'exemple, et les valets de le suivre. Revenons à Réal : il traversa la révolution avec tous les crimes et tous les criminels jusques à l'arrivée de Buonaparte. Ici commence une nouvelle nomenclature de forfaits qui n'eurent rien de républicain dans leur prétexte. Lancé dans le conseil d'Etat, il fit connaître qu'en fait de scélératesse et de perfidie il pouvait marcher de front avec le plus expert; on lui donna un arrondissement de la police et il s'en tira à la grande satisfaction de Savary. Je me hâte d'arriver au 20 mars. Buonaparte, qui ne s'abusait pas au point de croire à *l'éclat de la visibilité* de son gouvernement, cherchait tous les moyens possibles pour le lui faire acquérir; sans être sûr de Fouché, il lui donna la police générale, et la préfecture à Réal. Livré à ses réflexions, le Corse se disait à lui-même : Je ne peux plus régner sur la France, Fouché a trop de perspicacité pour n'en être pas convaincu comme moi, donc Fouché me trompe. Le raisonnement n'était pas sans quelque apparence de fondement ; il manda Réal, et après s'être bien assuré de lui, par belles promesses et par dons effectifs, il l'aboucha avec Savary, sur les moyens à employer pour arriver à la découverte des projets de Fouché ; mais le vieux renard d'Otrante, plus astucieux à lui tout seul que le trio réuni, avait environné l'usurpateur de tant de craintes, et s'était tellement assuré les meneurs du parti, tels que Carnot, Cambacérès, Davoust, Lanjuinais, Cambon, Barrère, etc., en leur promettant que, quoi qu'il arrivât, il leur garantissait leurs têtes et leurs fortunes, que lorsque Buonaparte, convaincu que Fouché ne travaillait pas à perpétuer sa dynastie, s'adressa, dans un conseil particulier, à Carnot en lui disant : ***Fouché me trahit, j'en ai la preuve, je vais le faire fusiller*** ; Carnot lui répondit : « Vous êtes le « maître ; mais demain à pareille heure vous « n'existerez plus. — Comment? dit le Corse. — Il « n'est plus temps de feindre, reprend Carnot, le « parti des républicains ne vous laissera régner « qu'avec l'assurance que vous respecterez ses li- « bertés ; si vous faites périr Fouché, qu'ils regar- « dent comme leur grand-prêtre, demain ils vous « anéantiront, soyez-en sûr. » Il n'en fallait pas davantage pour porter la mort dans l'âme du grand empereur, qui, d'après ce qui se passait autour de lui, commençait à regretter son paisible séjour dans l'île d'Elbe. Il fila doux ; et comme il voulait en imposer par une levée en masse, pour tenter la fortune, il amadoua le parti républicain, qui lui donna quelques hommes. Dès lors, abandonnant Fouché aux affaires banales, il concentra sa police particulière entre Savary et Réal. La levée insurrectionnelle du faubourg Saint-Antoine appartient toute à Réal. Les républicains y souscrivirent, dans l'idée qu'elle pourrait leur être utile pour leurs projets ultérieurs. N'est-il pas curieux de voir l'usurpateur craindre et flatter les démagogues pour en obtenir des hommes et de l'argent, et ces mêmes démagogues vouloir le détruire et ne pas l'oser, dans la crainte de se voir houspillés par son armée? Pauvre France! en quelles mains t'es-tu trouvée? et si la Providence ne t'eût rendu ton père, que serais-tu devenue?... Lucien, que le besoin d'argent ramenait en France, rehaussa un peu les espérances de la famille; il parla république aux uns, tyrannie aux autres ; l'Altesse ne doutait de rien. Il fit croire à quelques sots qu'il avait dans la poche un traité avec le prince régent d'Angleterre ; il s'enferma dans son cabinet, fit répandre le bruit que sa correspondance avec les cours étrangères le mettait dans l'impossibilité de recevoir, but avec quelque débauchés le vin de S. A. Mgr le duc d'Orléans, vit les filles de l'Opéra, pilla les caisses publiques, et, seçondé par Réal, nous donna la petite soirée du 22 juin, dont les détails ne sont pas connus de beaucoup de monde; je vais rapporter ce que j'en sais et ce que j'en ai vu.

En partant pour Waterloo, Buonaparte n'était rien moins que sûr de son affaire; il fallut que le fidèle Davoust lui répétât à plusieurs reprises que sa présence à l'armée devenait indispensable; il se détermina, et partit en laissant à Réal le soin de ses fédérés, beaucoup d'argent pour faire crier : *Napoléon ou la mort*, et surtout la grande main sur la rédaction de ses bulletins. On les connaît; on entendit le canon, et on a lu le *Moniteur* du lendemain. Buonaparte parut en même temps que le journal qui annonçait sa défaite. Vaincu, il venait se soustraire à l'audace des républicains, qu'il eût vus ramper à ses pieds, s'il eût été vainqueur. Il venait prendre les millions qu'il se proposait d'emporter dans sa nouvelle retraite, et distribuer le reste à sa famille et aux fidèles adhérents.

Que la Chambre de M. Lanjuinais cesse de nous vanter son courage, en nous disant qu'elle força le Corse d'abdiquer une seconde fois; la Chambre n'eût pas existé, que Buonaparte ne serait pas resté à Paris vingt-quatre heures de plus ; il n'eût jamais cherché à se soutenir quelques jours encore, en se renfermant dans la capitale, dont il aurait provoqué le pillage. Il craignait trop de mourir dans un mouvement populaire. Comment, d'ailleurs, eût-il été reçu de cette armée toute insurgée, à laquelle il venait de donner ce fameux exemple de couardise? Non. Il n'en eut jamais la pensée. Et lorsque Lucien manda Réal à l'Élysée pour rassembler les fédérés sous les croisées du palais, on eut toutes les peines du monde à le déterminer à y consentir ; et ce ne fut qu'en lui faisant observer que l'abdication pure et simple le faisait rentrer dans la classe des simples particuliers, et qu'il ne pourrait assurer sa fuite, et le transport de ses richesses, s'il ne conservait pas au moins l'ombre de la puissance ; que d'ailleurs l'abdication en faveur de son fils pourrait amener l'Autriche à le faire traiter plus favorablement par les puissances alliées. A toutes ces raisons il se rendit, et Réal partit sur-le-champ avec tout l'art nécessaire pour ameuter aux Champs-Élysées toute la canaille de Paris. Lucien monte en voiture, et court à la Chambre des prétendus pairs leur dire : *L'empereur est mort : vive l'empereur ! proclamez Napoléon II, ou vous allez avoir beau jeu.* Les soi-disant pairs, se rappelant leur ancienne docilité du sénat, crièrent *vive Napoléon II*! Lucien revient triomphant, court aux Champs-Élysées, y trouve deux ou trois mille bandits, que les pièces de cent sous de Réal y avaient rassemblés, les endoctrine, et leur fait promettre de se porter à l'assemblée de M. Lanjuinais pour forcer les soi-disant députés à déclarer le matin, contre leur délibération de la veille, que c'était en faveur de Napoléon II qu'ils avaient proclamé l'abdication, tandis que la lettre que leur avait apportée Regnault ne contenait qu'une abdication simple, par laquelle Buonaparte recommandait son fils à la générosité de la nation. Lucien rentra dans l'Élysée et amena Buonaparte plus mort que vif sur la terrasse. Là, il fit quelques signes de main, salua la sinistre bande, les entendit vociférer : *vive notre empereur et son fils! nous n'en voulons pas d'autre.* Dans le moment, Réal fait donner l'ordre de défiler vers le palais du Corps législatif ; ils s'y rendirent en tumulte ; les prétendus législateurs, effrayés, avaient déserté le temple. La nuit dissipa l'attroupement, qui, en traversant les rues de Paris, manifestait à haute voix qu'il ne lui fallait rien moins que la tête de tous les aristocrates qui ne voudraient pas proclamer Napoléon II.

Le lendemain, M. Lanjuinais assembla ses ouailles de bonne heure, et leur dit : « Mes amis,

« vous avez entendu comme moi ce que ces gens-
« là demandent ; il faut les satisfaire ; il faut dire
« que hier, en recevant l'abdication du Corse,
« nous avons entendu que c'était pour remettre le
« trône à son fils. » L'un de ces messieurs, qui
n'avait pas toute honte bue, répond : « Mais nous
« n'avons pas parlé de cela ; nous allons prouver
« à la France que nous sommes des machines. »
« La France, dit Lanjuinais, la France nous a
« jugés ; il s'agit d'observer que c'est la masse du
« peuple qui demande Napoléon II, et que cela
« presse. D'ailleurs, nous ne nous engageons
« peut-être pas à grand'chose ; l'enfant est jeune,
« d'ici à sa majorité il peut arriver des événements
« qui nous fassent perdre nos places ; ne voyons
« que le moment et crions : *Vive Napoléon II !*—
« *Vive Napoléon II* ! » répétèrent tous les arlequins en constitution, qui par là prouvèrent à la France qu'avec quelques bandits et quelques pièces de cent sous on fait dire blanc et noir à des hommes qui n'ont ni foi ni loi, ni morale ni religion.

La famille et les intimes adhérents profitèrent de ce répit pour prendre et emballer tout à leur aise. Réal recevait tous les jours depuis longtemps de quoi payer cinq ou six mille fédérés, il en payait trois ou quatre cents et tout marchait. Decrès envoyait des courriers à Rochefort pour assurer l'embarquement ; il recevait pour cela des millions et dépensait quelques mille francs. Savary, pour assurer le service des routes, recevait les billets de banque par milliers, et dépensait quelques centaines de pièces de vingt francs. Mollien faisait apporter de nuit la moitié de l'argent qu'il avait dérobé à la sagacité rapace de la commission provisoire. Enfin, Buonaparte prit ; la mère *Lætitia* prit ; Fesh prit ; Joseph prit ; Lucien prit ; Jérôme prit, Hortense prit ; Savary prit ; Maret, Regnault, Bertrand et tous les autres prirent ; et quand il n'y eut plus rien à prendre, tous ces braves gens partirent en nous disant : Adieu, bénévoles Français, tirez-vous de là. Réal, qui, comme le ministre de la marine, avait passé plusieurs nuits à prendre et à faire prendre, alla se coucher, et céda, pour les quelques jours qui restaient, sa place à un autre qui ne valait guère mieux que lui, et qu'on appelle Courtin.

CHAPITRE LVII

M. CLARY PÈRE

Petit particulier de Marseille, qui n'avait rien et qui possède aujourd'hui beaucoup de millions pour avoir marié ses deux filles contre son gré, l'une à un sergent de vieille marine, qui va, dit-on, monter sur le trône de Suède ; l'autre à un Corse, clerc de procureur, que le Corse, son frère, fit prince de France, roi de Naples et roi d'Espagne. Ne dirait-on pas que j'écris des contes de fées ? Enfin, je suis le contemporain de tous ces gens-là ; j'écris pour leurs contemporains, et il me vient toujours à l'idée que l'on ne pourra jamais me croire, et que l'on m'accusera d'avoir écrit des sornettes. Ah ! l'histoire de tous ces parvenus est bien la preuve la plus convaincante de cet axiome : *Le vrai peut quelquefois n'être pas vraisemblable.*

Je n'ai aucun reproche à faire à M. Clary, je ne

sache pas qu'il ait contribué d'une manière ostensible aux vexations de toute espèce que son gendre Joseph Buonaparte et ses autres frères firent éprouver aux divers peuples du continent, que l'usurpateur avait mis sous leur domination ; mais aujourd'hui que l'illusion est dissipée, aujourd'hui que le rêve est fini, que mademoiselle Julie Clary n'est plus embarrassée de savoir comment elle se présentera, comment elle marchera ; aujourd'hui que sa sœur a repris tous les droits de la nature et l'appelle tout bonnement ma chère Julie, ma sœur, et non Votre Majesté, M. Clary a dû sentir se dissiper dans sa tête ces fumées d'ambition si ridicule, quand elle est exagérée ; à moins qu'il ne persiste à vouloir, en dépit du bon sens et du retour des peuples au sage principe de la légitimité, saluer son gendre Bernadote... Mais cela ne nous regarde pas... Ce qu'il nous importe pour le moment de faire observer à M. Clary, c'est que les millions dont il jouit ont été pris par la famille Buonaparte au bonheur et à la tranquillité des Français, et qu'un honnête Marseillais comme lui doit s'empresser de restituer des biens illégitimement reçus, surtout lorsque de cette juste restitution résultera la fin des maux de la patrie.

CHAPITRE LVIII

M. LE COMTE LECOUTEUX-CANTELEU

Banquier de Paris. — Napoléonien de la création. — Riche de son propre fonds. — Et très-enrichi par Buonaparte. — Sénateur depuis quinze ans. — Titulaire de la sénatorerie de Lyon. — Amendé?... honnête homme. — Le *caveant?*... inutile.

M. Lecouteux-Canteleu, riche banquier de Paris, membre du conseil des Anciens, servit le Corse au 18 brumaire; il l'aida, dit-on, de sa bourse et de son crédit. Joséphine qui, pendant l'absence de Buonaparte, avait reçu quelques services de M. Lecouteux, le désigna à son époux, premier consul, qui le nomma sénateur, et par suite titulaire de la sénatorerie de Lyon. M. Lecouteux, pendant ces quinze années cruelles, a fait comme tous ses autres collègues ; à chaque sénatus-consulte qui demandait de l'or et des jeunes gens,

M. Lecouteux s'écriait : Quel homme ! quel génie ! quelle gloire ! il trouvait la demande bien sobre, disait *amen*, et admirait ; les huissiers et les gendarmes faisaient le reste. Et lorsqu'un pauvre père de famille, qui avait déjà deux enfants aux armées, et dont le troisième venait de fuir pour éviter les cordes avec lesquelles les gendarmes l'eussent conduit à la gloire, lorsque ce paisible cultivateur, traîné en prison par les gendarmes qui n'avaient pas trouvé son fils, s'adressait à la commission de la liberté individuelle, M. de Canteleu et les autres membres de la commission de s'écrier unanimement : « C'est un réfractaire, gardons-nous d'en-« traver la marche des opérations sublimes de l'im-« mortel génie ; et décidons promptement qu'il n'y « a pas lieu à délibérer. » Et le malheureux vieillard restait dans les prisons, privé de travailler à la subsistance de sa femme et de ses filles, jusqu'à ce que son fils eût été se faire tuer pour le rendre à la liberté et à sa famille. A la vérité, la guerre qui moissonna cet infortuné jeune homme fut entreprise par Buonaparte et sanctionnée par le sénat, dans la seule intention de repousser l'agression usurpatrice de Ferdinand VII contre Joseph Buonaparte.

Dans une pareille circonstance, et quand le péril était si imminent pour la patrie, qui oserait faire un crime aux sénateurs d'un silence aussi magnanime? Leurs cœurs généreux et compatissants durent beaucoup souffrir des gémissements de l'honnête vieillard ; mais aux âmes fortes et bien nées : *la patrie avant tout.*

Que M. Lecouteux garde son immense patrimoine, rien de plus juste ; mais qu'il rende aux puissances étrangères ce que Buonaparte leur a pris et lui a confié.

CHAPITRE LIX

L'EX-COMTE DEJEAN

Napoléonien. — Général du génie. — Sénateur. — Trésorier de la Légion d'honneur. — Ministre directeur de l'administration de la guerre. — Enrichi?... vigoureusement. — Amendé?... Non. mais il n'intrigue pas, il attend. — Il est à cheval sur la phrase qui répond à tout : *Les Bourbons ne peuvent plus régner sur la France.*—Au 20 mars?... pair du Corse. — Peut-on attendre de lui qu'il vienne au secours de la France?... Rien. Rien. En sorte qu'il faudra... oui, et le plus tôt ne sera que le mieux.

M. Dejean, officier du génie, dut son premier avancement à son propre mérite ; le reste, comme chez tous les autres sénateurs, est le fruit de l'intrigue, de l'adulation, et d'une coupable condescendance. Si quelques hommes du caractère de M. Dejean eussent élevé la voix contre les iniquités annuelles, la France gémirait sur quelques-unes de moins ; mais il faut croire que l'usurpateur se connaissait en bassesse ; il n'a eu à se plaindre d'aucun. Lanjuinais s'avisa une seule petite fois de dire *je suis en vie* ; je ne sais ce qu'on lui fit avaler, mais huit jours après il était tout aussi pliant, tout aussi mort que Lacépède, Dejean et tous les autres ; car la bassesse au sénat était une règle qui, contre l'ordinaire, n'avait pas d'exception. M. Dejean n'avait pas avant la révolution cinquante mille francs de capital ; il en a aujourd'hui trois cent mille de revenu, et si le hasard fait qu'on l'impose à dix ou douze mille francs, il criera à l'injustice, à la réaction, à la contre-révolution, au vol, au pillage, il criera : *Je vous le disais bien que* CES GENS-LA (1) *ne sauraient jamais gouverner la France ;* mais si une bonne loi force M. Dejean à rendre gorge, à restituer cette fortune colossale, illégitimement acquise, M. Dejean sentira la nécessité de se taire ; il jugera que tout espoir de retour au désordre lui est interdit, et regardera comme une faveur spéciale qu'on veuille bien l'oublier en le laissant dix fois plus riche qu'il n'était avant sa participation à tous les crimes de l'usurpateur.

(1) Expression adoptée par les grands adhérents.

CHAPITRE LX

LE VICE-AMIRAL GANTHEAUME

Napoléonien. — Grand dévoué. — Bien enrichi. — Conseiller d'État. — Au 20 mars ?... il a vite repris son service. — Au 8 juillet?... on assure qu'il s'est bien montré pour le roi. Tout cela n'est pas clair.

La France doit conserver pour le vice-amiral Gantheaume une reconnaissance bien profonde pour un signalé service rendu par lui à la patrie, service dont pendant quinze ans nous avons apprécié les heureux résultats ; service qui, s'il n'accrut point notre population, doubla du moins nos impôts ; service enfin que nous pleurerons longtemps ; il nous ramena le fuyard d'Égypte, le Corse. Je n'ai pas, M. Gantheaume, l'honneur de vous connaître, vous ne m'avez jamais fait de mal ; mais si un furieux ouragan vous eût jetés, vous et votre grand homme, sur les côtes d'Afrique ; que là quelque Algérien vous eût pris et eût été vous vendre, toujours vous et votre héros, au roi de Visapour ; et que ce bon roi, auquel le Corse n'aurait pas manqué de chercher noise, vous eût envoyé à trois ou quatre mille lieues plus loin ; je vous avoue, dans toute la sincérité de mon âme, que je n'en aurais pas été fâché. Nous nous serions petit à petit débarrassés, *décarnotisés* et *démerlinés*, et peut-être serions-nous arrivés à jouir dix ou douze ans plus tôt du bonheur de posséder notre bon roi et sa famille chérie, bonheur que votre service, d'exécrable mémoire, nous a fait attendre si longtemps et payer si cruellement. Je vous rends cependant la justice de croire que, si vous aviez pu vous douter de la millième partie des maux que cet homme fit à la France, les flots vous en eussent fait une prompte justice. Mais enfin, vous ne le connaissiez pas bien, et tel qu'il était, vous nous l'amenâtes ; et tel qu'il était, il fut si content du service que vous veniez de lui rendre, qu'il vous combla de richesses, de croix grandes et petites, de cordons rouges, bleus, coquelico, verts, pistache, etc. ; et cela pendant quinze ans. Vous êtes encore, vous, monsieur le vice-amiral, un de ceux qui, pour mériter cette continuité de bienveillance, lui avez toujours dit *ainsi soit-il*. Vous savez aussi bien que moi que tout l'argent qu'il vous a donné provenait des impositions qu'il levait chez des peuples qui ne lui devaient rien ; que ces peuples reprennent ce qu'on leur a pris ; rendez donc, monsieur l'amiral, rendez. Je voudrais bien avoir quelques centaines de mille francs à rendre, moi ; je vous assure que je ne me ferais pas tirer l'oreille. D'ailleurs, s'il est vrai, comme l'ont dit les journaux, que dans ces derniers temps vous vous soyez mis en quatre pour les intérêts de notre bon roi, vous aurez un double plaisir à suivre son généreux exemple, en venant au secours de cette malheureuse patrie, saccagée, ruinée par les méfaits du fuyard d'Égypte, du fuyard de Waterloo.

CHAPITRE LXI

L'EX-BARON COSTAZ

Nâpoléonien renforcé. — D'abord chef de bureau. — Ensuite préfet. — Conseiller d'État. — Intendant des bâtiments de la couronne. — Au 20 mars?... — Commissaire extraordinaire dans les départements du Nord, pour les faire insurger pour l'usurpateur. — Enrichi?... extraordinairement. — Amendé?... comme Merlin. — A surveiller?... comme le reste de la clique.

Quand de pareils agitateurs, enrichis par les crimes auxquels ils ont coopéré, par les troubles qu'ils ont fomentés, par les exactions qu'ils ont commises, se présentent à ma pensée, je me demande : Serait-il possible que nos honnêtes députés, nos sages ministres, nos illustres pairs, tous pénétrés du brûlant désir de terminer les peines de notre bon roi avec les malheurs de la France, ne forçassent pas ces vampires à restitution?... Non,

non, cela n'arrivera pas. Ces vertueux soutiens du trône n'abuseront point de l'amour des Français, disposés à tous les sacrifices, pourvu qu'on leur assure les Bourbons et la paix. Ils sentiront, tous ces grands magistrats du royaume, qu'il ne faut plus que le peuple français joigne à ces mêmes sacrifices la douleur de se voir outragé par le luxe scandaleux, insolent et criminel, de deux ou trois mille individus plus tarés les uns que les autres. Quel est le peuple ancien ou moderne dont l'histoire nous offre un exemple pareil à celui que nous avons devant les yeux?

Un roi vertueux est assassiné par quelques misérables qui abusent le peuple et profitent de son égarement; la famille de ce bon roi est obligée de fuir pour se soustraire à l'horreur d'un pareil sort; les assassins profitent du tumulte, pillent, s'enrichissent, mettent à leur tête un......., qui, profitant toujours de l'égarement de ce même peuple, vole, tue, pille, et enrichit de plus belle les premiers assassins. Enfin, ce peuple, revenu de son long égarement, reconnaît son erreur, rappelle la famille chérie de ce bon roi qu'il pleure; Dieu, touché de ses larmes, lui rend son roi légitime, le vertueux frère du saint martyr; et comme le pays de ce malheureux peuple se trouve ravagé par de longues guerres et des impôts énormes que leva sur eux le chef des ...., tous les habitants sont obligés de se réduire à l'extrême misère pour laisser aux premiers assassins, et à tous les pillards (1) les châteaux, les hôtels et les voitures qu'ils ont volés, et avec lesquels depuis vingt ans ils insultent à la misère publique. Je défie qu'on trouve rien de pareil chez aucun peuple de la terre.

Eh ! messieurs, n'est-il pas constant que de deux écueils il faut toujours éviter le pire ? Eh bien, magistrats suprêmes, voici les deux écueils : Ou vous désolerez la France entière en lui faisant supporter le payement des sept cent millions ; ou vous ferez crier MM. Talleyrand, Masséna, Fouché, Augereau, Davoust, Chaptal, Hortense, Cadore, Costaz, et trois mille autres, en les forçant à restitution.

Choisissez : les bénédictions de tout un peuple avec les cris des millionnaires ;

Ou l'approbation des enrichis avec la désolation du peuple.

Et, messieurs, ne cherchez pas de *mezzo termine*, il n'en est point. Tous les palliatifs, tous les lénitifs échoueront devant la misère publique et l'endurcissement des enrichis. Forts de votre con-

(1) Je n'ai pas besoin de répéter ici que je n'entends pas parler des biens nationaux qui ont été vendus et que la Charte consacre.

science, de la pureté de vos intentions, abordez franchement la question ; frappez d'une main sûre ; vos coups ne sauraient porter à faux, l'évidence est là.

CHAPITRE LXII

M. COLIN

EX-COMTE DE SUSSY

Napoléonien à pendre... et à dépendre. — Préfet. — Conseiller d'État à vie. — Directeur général des douanes. — Ministre du commerce et des manufactures. — Enrichi?... depuis dix ans, à raison de trois ou quatre cent mille francs par an. — Et les fils?... A peu de chose près. Amendés?... comme tous ceux qui ne le sont pas. — Le *caveant?*... de rigueur.

M. Colin est encore un de ces génies infernaux qui, comme Defermont, eussent plutôt vendu la France entière que de ne pas procurer à l'usurpateur tout l'argent qu'il demandait, tant ils étaient persuadés qu'ils en auraient leur bonne part. Si les rentrées éprouvaient quelque difficulté, et que l'on fût embarrassé sur les moyens à employer pour les activer, c'était ordinairement ou Colin, ou Defermont, ou Merlin, dont l'atroce imaginative présentait l'expédient le plus prompt, toujours abominable, mais toujours sûr. Dieu, qui dans votre colère permettez quelquefois que les peuples tombent sous la domination d'un tyran, daignez les préserver au moins du surcroît de pareils ministres !

M. Colin gémit, dans ce moment, sur la rigueur du sort qui, en précipitant son maître d'un trône qu'il occupait si dignement, l'a renvoyé, lui Colin, du bel hôtel Choiseul ; et M. Colin de s'écrier comme Carnot, comme M. de Montalivet, comme tant d'autres : *Ces gens-là* (expression convenue) *ne sauront jamais gouverner la France* ! « A la bonne heure, s'ils eussent voulu « suivre le conseil de M. Lanjuinais, garder le « club et nous, peut-être, à l'aide de ce moyen « honnête, fussent-ils parvenus à vaincre l'aver- « sion générale ; mais ils ne l'ont pas fait, tant pis « pour eux ; ils ne règneront pas. »

Allez, monsieur Colin, allez, prophète de malheur, notre amour assure à ces *gens* (puisque entre vous *gens il y a*) une longue suite de beaux règnes sans interruption, dussiez-vous en crever de dépit, vous, vos fils, vos petits-fils, et tous ceux qui vous ressemblent. En attendant, tâchez de ne pas oublier que votre immense fortune est le fruit d'immenses concussions exercées par vous ou votre maître ; et que là où s'arrête le crime, la justice reprend ses droits.

CHAPITRE LXIII

M. MOLLIEN

EX-MINISTRE DU TRESOR

L'opinion publique, qui veut que M. Mollien ne soit pas enrichi, ne peut cependant pas faire qu'il n'ait été longtemps le ministre du Corse; qu'il n'ait repris ses fonctions au 20 mars. Ne voulant pas la mort du pécheur, mais bien sa conversion sincère, je désire que M. Mollien, à qui l'on accorde généralement la réputation d'honnête homme, puisse prouver qu'il n'a fait qu'obéir, et le plus souvent contre son gré. M. Mollien aurait bien moins de reproches à se faire, s'il eût été du petit nombre des serviteurs du Corse, pour qui le retour du monarque légitime fut un motif d'abandon total de cette cause.

CHAPITRE LXIV

LES FRÈRES CAFFARELLI

L'un général, l'autre préfet maritime et le troisième évêque.

Honnêtes gens, mais tellement dévoués au Corse, qu'il n'a fallu rien moins que leur extrême probité pour les faire échapper à la participation de quelques-uns des grands crimes de leur idole. Du reste, ces trois messieurs sont excessivement enrichis ; et tout porte à croire qu'à présent qu'on leur a dessillé les yeux sur les prétendues vertus du prétendu Thémistocle, ils s'empresseront de restituer à la France, que leur faux grand homme désola, des richesses qu'il ne put leur donner sans crime, et dont la jouissance doit troubler leur sommeil.

CHAPITRE LXV

M. POMMEREUIL

EX-COMTE, EX-BARON

Celui-ci, par exemple, n'est pas comme les MM. Caffarelli ; il est incorrigible et bien dangereux ; il n'a ni leur probité ni leur enthousiasme sincère. Il fut général, conseiller d'Etat à vie, préfet, directeur de la librairie. Les habitants de Tours se souviendront longtemps de lui, et les pauvres auteurs qui voulurent s'aviser d'écrire qu'à midi l'on doit y voir clair, menacés de pourrir dans un cul de basse fosse, se hâtèrent de dire le lendemain qu'ils s'étaient trompés, et qu'à midi il faut allumer la chandelle. Comme général, M. Pommereuil marche avec les Clausel, les Gilis, les Grouchy, les Vandame ; comme conseiller d'Etat, il va de pair avec les Merlin, les Thibaudeau, les Réal ; comme préfet, il laisse bien loin derrière lui les Jean de Bry, les

Taille-Pied, les Bouvier-Dumolard ; et comme directeur de la librairie, les Étienne, les Fain, les Savary, furent toujours ses modèles ; ministres, partez de là pour le *caveant*. Est-il enrichi ?.... comme l'eût été Grasel, s'il eût passé trois nuits dans les caves de la Banque de France, quand elle est en fond.

CHAPITRE LXVI

MM. DE BAYANE, DE BARRAL, MAURY ET DE PRADT

Prêtres enrichis par l'usurpateur, qui, en récompense de leur adhésion les combla de richesses, et les éleva aux premières dignités du clergé et de l'État.

Il était écrit que le Corse devait trouver des adhérents et des complices dans ce que les royaumes ont de plus respectable, la noblesse et le clergé. Les honteux mandements d'un homme d'esprit, qui débuta si bien et qui finit si mal dans notre révolution, sont un monument de ce que peuvent l'ambition et la cupidité sur les hommes. Tous ces abbés, pour avoir des croix, des millions et des calottes rouges, consentirent à profaner leur saint ministère au point de devenir les aumôniers de toutes les femmes de cette cour. Ah ! que notre pauvre France, que notre religion, ont besoin du retour de ces dieux évêques pour lesquels les dignités ne furent qu'un motif de plus de nous prêcher d'exemple ! Espérons que désormais l'autel deviendra ce qu'est devenu le trône, l'asile de toutes les vertus? Espérons que nos archevêques n'emploieront pas leur temps à faire des livres pour nous raconter audacieusement et après combien d'humiliations et d'outrages ils arrivèrent enfin au comble de leur vœux, à une ambassade. Si M. de Pradt eût refusé dans le temps l'argent et les dignités dont le satura Buonaparte, son livre ne l'exposerait pas aujourd'hui à la conséquence qu'en tirent ceux qui le lisent ; c'est que le Corse fut un grand coupable ; et lui son adhérent, un grand ingrat.

Je conclus : par les lois de l'Eglise, par les lois de l'Etat, par la divine loi, *suum cuique*, et par les malheurs de la France, tous ces abbés enrichis qui, faisant taire leur conscience, ont poussé l'impudeur jusqu'à nous vanter en chaire les prétendues vertus de leur maître, tous ces évêques, archevêques, cardinaux et aumôniers de la clique, sont tenus à restitution.

CHAPITRE LXVII

M. ROGER-DUCOS

Révolutionnaire. — Consul. — Sénateur de la création. — Pour ne pas cesser d'être quelque chose, il accepta la pairie au 20 mars. — Enrichi ?... il n'a travaillé que pour cela, et a complétement réussi. — Tranquille?... oui, mais ne lui demandez rien,

M. Roger-Ducos date de nos assemblées législatives ; il tâcha toujours de ménager *la chèvre et le chou*, et s'arrangea si bien qu'il parvint à être troisième consul ; il n'occupa cette suprême dignité que le temps nécessaire pour se faire un fonds de fortune que quinze années de sénat arrondirent au point de la porter à quatre ou cinq cent mille francs de rente. Il devient inutile de dire ici qu'en génuflexions et en *amen*, M. Roger-Ducos ne le céda à aucun de ses collègues. D'ailleurs ,depuis longtemps, nous sommes convenus en France que qui dirait *sénateur*, voudrait dire *homme rampant, vil flatteur qui, pour de l'argent et de prétendues dignités, vendit à un Corse le bonheur de sa patrie*. Restituez donc, M. Ducos, restituez, et engagez vos camarades à vous imiter.

CHAPITRE LXVIII

M. ANDRÉOSSY

Général d'artillerie. — Grand napoléonien. — Conseiller d'État à vie. — Ambassadeur. — Chancelier de l'arlequinade des Trois Toisons. — Enrichi? tout comme son compatriote Dejean, l'ex-directeur de la guerre. — Amendé? Non. — Intrigue-t-il?... Je ne le crois pas. — Viendra-t-il volontairement au secours?,.. Non, non, non. Vous n'en trouverez pas un; ils l'ont juré.

Il eût été à désirer pour le bonheur de la France que les hommes du mérite de M. Andréossy n'eussent point donné le mauvais exemple d'applaudir à toutes les criminelles extravagances du Corse; mais, *quid non auri et honorum sacra fames?*

M. Andréossy paya le tribut comme les autres, et fut plus coupable qu'un autre, par la seule raison qu'il ne s'abusa jamais sur le faux grand homme. Ah! si tous les enrichis par les calamités de la patrie doivent payer un juste tribut à la restauration de cette même patrie, à combien plus forte raison doivent s'empresser d'acquitter une dette aussi sacrée, ces hommes qui, par leurs grands moyens, favorisèrent, provoquèrent même l'exécution de toutes les iniquités de l'nsurpateur!

M. Andréossy n'était rien moins que riche avant Buonaparte ; M. Andréossy compte aujourd'hui par millions ; Buonaparte n'a fait que du mal à la France. M. Andréossy ne saurait donc conserver son immense fortune qui n'est que le prix d'une longue coopération à ce même mal ; de là je conclus que M. Andréossy doit, comme trois mille autres, être contraint à restitution.

CHAPITRE LXIX

M. OTTO

EX-AMBASSADEUR

Comment se fait-il que M. Otto jouisse d'une grande réputation de probité, et qu'il ait possédé pendant quinze ans toute la confiance de l'usurpateur? Voilà la question que se font tous ceux qui, comme moi, sont obligés de juger sur les apparences, lorsqu'ils entendent dire que M. Otto est un parfait honnête homme, qu'il s'est fort bien conduit dans les diverses missions dont il a été chargé; missions dont la délicatesse demandait un homme tout à la fois prudent et fin. Peu versé dans la science de la diplomatie, je ne m'aviserai point de contester à M. Otto la prudence et la finesse ; je lui contesterai bien moins l'illégitimité des millions que lui ont valus ces deux qualités; mais je demanderai si dans les vertus qui constituent le parfait honnête homme il ne doit pas entrer celle-ci : de n'avoir, en aucun cas, rien fait contre sa conscience et contre le bonheur et la tranquillité de son pays. Toutes ces brillantes négociations peuvent constituer un homme d'État, mais ne suffisent point, à mon avis, pour faire une juste réputation de bonne foi et de probité. Je demanderai à monsieur Otto quel bien il devait résulter pour la France de la mission qu'il accepta le 20 mars dernier ; mission qui ne tendait à rien moins qu'à déterminer l'Angleterre à se prononcer contre les Bourbons et à faire cause commune avec l'usurpateur ? Je demanderai à monsieur Otto s'il pensait réellement, en se rendant à Londres, qu'il allait contribuer à rendre la France heureuse et tranquille ? En somme : M. Otto, enrichi à plusieurs millions par sa complaisance et sa promptitude à exécuter toutes les volontés du Corse, doit, comme tous les autres adhérents, être tenu à restitution.

CHAPITRE LXX

M. DE PONTÉCOULANT

Constituant. — Révolutionnaire. — Sénateur. — Préfet. — Pair de France à la première restauration. — Pair du Corse au 20 mars. — Commissaire extraordinaire pour faire des fédérés et crier *à bas les Bourbons!* — Enrichi? En 1789 il n'avait rien. Il compte aujourd'hui par millions.

L'ingratitude chez M. de Pontécoulant est un mal de famille; j'ai déjà dit que Grouchy, son beau-frère, avait épousé sa sœur, qui n'avait rien, et que la reine Marie-Antoinette eut la générosité de le doter d'une lieutenance dans les gardes du corps de Louis XVI; Grouchy, comme l'on sait, en a dernièrement témoigné sa reconnaissance à Mgr le duc d'Angoulème; et M. de Pontécoulant l'imitait dans les départements où il s'égosillait à force de crier: *Les Bourbons ne peuvent plus nous gouverner; vive le grand homme; fédérez-vous, mes amis, voici un second Dix-août.* Ces cris-là n'étaient pas nouveaux pour M. de Pontécoulant ; il s'y était familiarisé dès 1789, en fraternisant avec les sans-culottes ; mais il faut dire avec vérité que dès que Bnonaparte se fut emparé du trône, il n'eut pas de serviteur plus docile que M. de Pontécoulant, qui, dès lors, abandonna les frères et amis, et se ressouvint qu'autrefois il fut noble ; il se hâta de témoigner à son maître qu'il renonçait à la noblesse d'Henri IV pour obtenir un titre de la sienne ; le Corse, content de sa souplesse, lui donna le titre de comte, une préfecture, une place au sénat et des millions, que M. de Pontécoulant s'empressera de restituer, si on l'y force, sans quoi l'on n'en obtiendra rien ; il est tout aussi coriace, tout aussi tenace que tous ses collègues.

CHAPITRE LXXI

LES INTENDANTS EN PAYS CONQUIS

Les puissances étrangères, alliées entre elles, demandent à la France sept cent millions qui leur ont été pris par le Corse et ses adhérents. Les officiers et les ministres de ces diverses puissances ont dit à qui a voulu l'entendre que les plus grandes exactions exercées dans leurs pays l'avaient été principalement par les hommes que Buonaparte avait préposés à l'administration de leurs provinces dès qu'il s'en était emparé. Lors de la première Restauration, des officiers allemands et prussiens sigalèrent plusieurs individus qu'ils rencontraient dans des calèches magnifiques derrière lesquelles ils voyaient de grands et petits laquais tout chamarrés de galons; ils disaient aux Français qui étaient avec eux : « Ces messieurs, qui se pavanent dans leurs beaux équipages, n'ont pas toujours mené un aussi grand train ; nous les avons

« vus arriver à Berlin, à Vienne, à Francfort, à « Hambourg, à Zara, à Laybach, à Trieste; il « s'en faut de beaucoup que leur situation d'alors « fût pareille à celle d'aujourd'hui. Le séjour de « nos pays leur a été favorable, à ce qu'il paraît. — « Ah! disait un autre, il faut leur rendre justice; « s'ils n'en ont pas pris davantage, c'est qu'ils « n'ont pas pu. — Quant à moi, disait un troi- « sième, je sais bien que si jamais les Français re- « viennent chez nous, j'irai trouver le bourgmes- « tre, et je lui dirai : Monsieur, si votre intention « est d'envoyer chez moi l'intendant français, je « viens vous prévenir que je préfère un régiment « entier : » et ces messieurs de rire....

Ce fut pour moi un trait de lumière : et je me proposai de faire usage, en temps et lieu, de cette petite note que le hasard me transmettait.

Si donc il est de notoriété publique que les impôts dont on nous accable aujourd'hui sont entre les mains de tous ces individus, qu'hésitons-nous à les leur reprendre pour acquitter cette dette! et pourquoi nous arrêterions-nous un seul instant à l'accablante idée de faire supporter cette charge énorme par les malheureux habitants de nos campagnes, déjà ravagées? Avant de donner dans cet article la nomenclature de toutes ces harpies qui fondirent sur les pays conquis pour s'y gorger de rapines, et y faire abhorrer le nom français, je vais rapporter un fait avéré, qui prouvera que, parmi toutes les horreurs commises lors de la dernière invasion, plusieurs l'ont été par représailles; et que, si les administrateurs et les officiers français eussent donné l'exemple de la modération dans les pays qu'ils administraient ou commandaient, nous pleurerions respectivement, Français et étrangers, sur beaucoup moins de désastres.

Une dame de Paris, qui possède une superbe terre dans les environs de Saint-Germain, crut devoir rester dans son château au mois de juillet dernier, et cela dans l'idée d'éviter la dévastation qu'en pareille circonstance amène ordinairement l'absence du maître. A cet effet, elle manda son homme d'affaires, doubla son domestique, fit préparer les écuries, les mansardes, et attendit de pied ferme, après avoir donné des ordres positifs qu'on eût à déférer à toutes les demandes qui seraient faites. Elle n'attendit pas longtemps ; le surlendemain, dès six heures du matin, on vint lui annoncer qu'un officier prussien, suivi de vingt hussards, se présente avec un billet de logement. « Vingt hussards ! » s'écrie la dame, « c'est beau- « coup ! mais enfin, il faut céder, nous ne sommes « pas les plus forts. Allons : logez ces gens-là, et « priez monsieur l'officier de vouloir bien se repo-

« ser un instant dans le salon, je vais descendre. — « J'y cours, madame. — Vingt hussards ! vingt chevaux ! disait la dame, en se regardant dans la « glace, que de monde ! mes greniers s'en ressen- « tiront longtemps ! » Tout en faisant ce petit soliloque, la dame arrangeait une boucle assassine sur l'effet de laquelle on comptait beaucoup pour le renvoi de dix hussards et dix chevaux, au moins ; lorsque mademoiselle Justine, honnête femme de chambre, se précipite dans l'appartement de sa maîtresse, en s'écriant : « Ah ! madame, descen- « dez, je vous en conjure, cet enragé d'officier nous « en prépare de belles, il ne trouve rien de bien ; « je lui ai montré l'appartement que vous lui « destinez, monsieur ne le trouve pas assez joli ; « n'a-t-il pas eu l'audace de me demander si le « vôtre était plus beau ! ... Je suis dans une co- « lère !... Il a de grandes vilaines moustaches.... « il dit à tous moments, *sacramen tarteifle*, il traîne « son sabre ; enfin, madame, il fait un sabbat épou- « vantable ; hâtez-vous de descendre pour lui en « imposer. — Je vous suis, allez. »

La dame, effrayée du récit de sa femme de chambre, court au salon et trouve effectivement un homme de fort mauvais ton qui, sans respect pour un beau lampas gris de lin, étendait ses bottes crottées sur le canapé. A l'aspect de la maîtresse de la maison, il se lève, fait une légère inclination, se rassied, et, baragouinant un français presque inintelligible, dit à la dame que l'appartement que Justine lui a montré ne lui convient pas, qu'il lui en faut un autre. Tout en disant ces mots, il se lève et appelle quatre ou cinq de ses gaillards et demande à visiter la maison. La dame l'accompagne; arrivé à l'appartement de la maîtresse, qu'il reconnaît aux débris de toilette, il dit que c'est l'appartement qui lui convient et qu'il n'en prendra pas d'autre. Sur ce que la dame veut lui faire observer que c'est le sien, il l'arrête en lui disant : « Madame, j'ai l'ordre de m'emparer de toute la « maison; si cela ne vous convient pas, partez. » La dame, épouvantée, cède et lui abandonne son appartement. Il s'y établit; quelques minutes après, il sonne et demande à déjeuner; on lui sert une volaille, du vin et des fruits; il trouve le vin mauvais, en demande de Bordeaux, de Champagne. Les hussards, qui s'étaient établis à la cuisine, agissaient dans le sens de leur commandant. Les domestiques étaient dans la consternation, et la dame désolée. L'heure du dîner arrive; il veut absolument dîner avec la maîtresse, qui avait cherché à éluder sa société, il fallut céder encore. Après le repas, il dit à la dame : « Vous avez une voiture, « faites-y mettre les chevaux. » Et tout cela d'un ton à se faire obéir tout de suite, La dame, résolue à tous les sacrifices pour éviter l'effet de la menace des hussards, qui avaient dit qu'ils mettraient le feu aux quatre coins du château si l'on n'exécutait pas sur-le-champ les ordres de leur commandant, fit promptement atteler la voiture, et l'on vint annoncer à monsieur l'officier prussien que les chevaux l'attendaient.—C'est bon, répondit-il; quelques minutes après, il se lève, fait une légère salutation à la maîtresse et part en donnant l'ordre au cocher de crever les chevaux pour arriver promptement. Le voilà parti. La dame se consulte avec son homme d'affaires sur les moyens de se débarrasser d'un pareil hôte; il fut décidé que la dame irait au camp des Prussiens pour obtenir du général le changement de cet officier, tout au moins une injonction de se conduire d'une manière plus convenable; dans le moment où on s'entretenait de lui, et environ une heure après son départ, la voiture rentre dans la cour; il descend, dit au cocher d'attendre et paraît dans le salon en demandant une plume et de l'encre; on le sert. La dame lui demande pourquoi il n'a pas été à l'Opéra? Il répond qu'il a changé d'avis; qu'il va écrire un billet que le cocher portera à Paris, d'où il ramènera quelqu'un. Le billet fini, il fait appeler le cocher et lui lit l'adresse, en lui disant: Vous amènerez ici la personne que je demande. Le cocher, apprenant que le billet s'adressait à une dame dont la demeure était près de l'arcade Colbert, hésita un instant; la dame, qui ne pouvait se douter du motif qui retenait son cocher, lui ordonna de partir, et le voilà sur la route de Paris. Peu satisfaite du ton brusque et peu décent de son hôte incommode, la dame se retire dans son nouvel appartement, pour réfléchir sur les maux de toute espèce qu'avait attirés sur la France le retour de l'usurpateur; elle maudit les misérables qui en avaient assuré l'exécution et fit des vœux pour le bonheur du roi légitime. A deux heures du matin, elle fut réveillée par le bruit de sa voiture, que son cocher ramenait de Paris; elle sonna sa femme de chambre et l'envoya demander au cocher quelle était la personne qu'il ramenait si tard. Quelle ne fut point sa surprise en apprenant qne c'était une fille publique! L'indignation l'empêcha de dormir le reste de la nuit. Dès qu'il fut jour, elle se mit en devoir d'aller-porter ses justes plaintes à l'autorité qui pouvait punir un pareil outrage; et comme elle se disposait à partir, on lui annonce la visite de son hôte, qui, se présentant d'un air grave, lui dit : « Madame, je voudrais donner à la personne qui « est venue me trouver une marque de ma satis- « faction, je vous prie de bien vouloir me donner

« pour cela le cachemire que vous portiez hier, il « est d'un très-joli goût, je suis assuré qu'il lui fera « plaisir. » La dame, outrée, ne savait que répondre ; elle se contenta de lui lancer un regard de mépris, et allait le quitter, lorsque l'arrêtant il lui dit : « Je serais fâché, madame, que votre refus « mît mes soldats dans le cas de se porter à quel- « ques excès. » La dame l'entendit et lui jeta son cachemire. Dès lors elle ne se crut point du tout en sûreté, manda tous ses domestiques et prit les mesures nécessaires pour résister à l'oppression, si elle devenait plus violente. On vint lui apprendre que l'officier venait de partir avec la voiture ; elle désira ne plus le revoir et fit de bon cœur le sacrifice de son équipage. Ne pouvant s'en procurer un autre de suite pour aller au quartier général prussien, elle fut obligée d'attendre ; quelques heures s'étaient écoulées, quand elle vit arriver sa voiture et en descendre son officier, qui, débarrassé de ses grandes moustaches et de tout son attirail de campagne, se présente d'un air galant et modeste, en la priant de vouloir bien lui accorder quelques minutes d'entretien : « Cessez de « craindre, madame, lui dit-il, mon intention ne « fut jamais de vous inspirer ce sentiment ; je vais « vous raconter comment, en vertu d'un serment « indiscret, je me suis porté à l'extrémité dont je

« vous demande mille pardons. D'abord, madame, « daignez reprendre ce schall ; ce n'est plus le vô« tre, il était profané ; mais c'en est un tout « pareil. » La dame, interdite, ne savait comment ce monsieur pourrait se justifier, lorsqu'il commença en ces termes : « Je suis d'une petite ville « des environs de Berlin ; une sœur que j'aime « beaucoup, veuve d'un de mes intimes amis, ha« bitait une campagne à quelques lieues de notre « capitale, lors de la première invasion des Fran« çais dans la Prusse ; ma sœur fit comme vous, « madame, elle pensa qu'en restant chez elle sa « prévenance empêcherait de grands dégâts ; vai« nes précautions ! soins inutiles ! Le hasard fit « qu'on lui adressa un chef d'administration qui, « accompagné d'une vingtaine d'individus, lui fit « éprouver, pendant trois semaines consécutives, « le traitement indigne auquel je viens de vous « soumettre, sans que les prières, les larmes et les « plaintes aient jamais pu obtenir le moindre « adoucissement. J'étais absent ; à mon retour de « l'armée, lorsque j'appris avec quelle inhumanité « ma bonne sœur avait été traitée, je jurai d'en « tirer une vengeance éclatante ; je courus à Ham« bourg, où l'on m'assura qu'était l'homme qui « avait outragé ma sœur ; je ne l'y trouvai pas ; « et c'est là que, perdant enfin l'espoir de le ren-

« contrer, je fis le serment que si jamais le sort des « armes nous conduisait en France, j'agirais de « même chez le premier Français qui aurait le « malheur de me loger. Je viens d'éprouver, ma- « dame, combien de pareilles représailles sont in- « justes et indignes d'un homme d'honneur ; dai- « gnez agréer, je vous en conjure, toutes mes « excuses, et être persuadée que je porterai tous « mes soins à vous faire oublier le chagrin que je « vous ai causé. Dès ce moment, madame, repre- « nez votre appartement, et je vais donner l'ordre « à dix-huit de mes hussards de partir sur-le- « champ ; je n'en garderai que deux, qui, à « l'exemple de leur chef, se conduiront de manière « à rendre plus supportables les maux qu'entraîne « toujours l'invasion d'une armée étrangère. » Après toutes ces excuses, il salue la dame et la quitte stupéfaite de tout ce qu'elle venait de voir et d'entendre, et surtout très-enchantée que son hôte n'eût pas poussé la vengeance plus loin.

J'ai rapporté cette anecdote, non pour excuser les étrangers des exactions qu'ils ont commises chez nous, mais pour mettre en évidence ceux des Français qui ont été à même d'en commettre chez eux et qui crient à l'injustice, à la réaction, lorsqu'on veut leur faire entrevoir seulement que c'est à ceux qui ont pris qu'on s'adresse pour faire rendre.

Je préviens mes lecteurs que presque tous les intendants ou directeurs nommés par le Corse n'avaient rien quand ils partirent pour les pays conquis. Ils sont tous aujourd'hui puissamment riches, et ce sont ceux-là qui ont crié le plus fort contre les vexations des troupes des puissances étrangères. Quant à l'adhérence, il n'y a guère à s'y tromper; ils ont presque tous environné le trône du 20 mars de leurs hommages, de leurs félicitations, et surtout de leur joie.

Procédons : d'abord, M. Lebrun, l'architrésorier, dont j'ai parlé plus haut ; il gouverna longtemps la Hollande ; et lui ainsi que ses subalternes, bien convaincus qu'ils n'étaient pas là pour longtemps, prirent une grande partie de ce qu'on nous demande aujourd'hui.

Le baron Janet, intendant à Rome, prit des millions, des tableaux, des statues et des antiques.

Le comte Chaban, à Hambourg, aida si fort le maréchal Davoust à prendre, que les Hambourgeois crient encore. Les subalternes prirent à l'avenant.

M. Chauvelin, intendant en Catalogue, prit, et beaucoup.

M. Voute prit à Amsterdam, comme directeur d'une caisse.

M. Alphonse prit, comme intendant à Rotterdam.

M. Caron Saint-Thomas prit, comme intendant à Florence.

M. Tournon prit à Rome en sa qualité de préfet.

M. Rouen des Mallets prit à Laybach, comme intendant.

M. Rougier de la Bergerie prit à Zara, comme intendant.

M. Taboureau prit dans les départements au-delà des Alpes, comme intendant.

M. Dunod de la Charnaye, prit à Wilbach.

M. Garnier des Chaines prit à Hambourg.

Un autre prit dans les provinces Illyriennes, etc.

Enfin, pour peu qu'on veuille se donner la peine de voir quels étaient tous ces gouverneurs, tous ces intendants, tous ces commissaires, tous ces liquidateurs, chefs et subalternes, au moment de leur départ pour les pays conquis, et quels ils sont aujourd'hui ; on ne craindra pas de se tromper dans la répartition de la restitution de guerre.

On trouvera à la fin de cet ouvrage un aperçu de

cette même répartition dont le mode, en satisfaisant à la demande des sept cent millions, laissera tous les contribuables infiniment plus riches qu'ils n'étaient avant nos troubles, et ne portera que sur tous les fauteurs des rapines et levées qui ont provoqué celles que les puissauces étrangères exercent contre cette malheureuse France, aux calamités de laquelle on ne saurait mettre fin qu'en forçant à restitution tous les détenteurs du produit de ces mêmes levées et rapines.

CHAPITRE LXXII

LA FAMILLE DU CORSE

La France entière retentit des vérités épouvantables que cent auteurs différents ont écrites depuis dix-huit mois sur le compte de cette famille insatiable. Dans quelques années, quand notre bon roi, quand nos princes chéris auront tari toutes les larmes, quand ils nous auront accoutumés à la pratique de toutes les vertus, nous ne voudrons pas croire aux quinze années de domination ; nous voudrons avoir rêvé, et nous ferons bien.

Adhérents incorrigibles, qui vous bercez de l'espoir d'une régence, ou d'un nouveau 20 mars, je vous attends à la Saint-Louis de 1818 ; vous me direz alors, si vous êtes en France, où en sont vos espérances ; et si nos Bourbons savent se faire aimer, et régner sur les Français.

Si je vous demande ce laps de deux ans et demi, gardez-vous de croire que nous en ayons besoin pour accroître notre amour ; c'est pour leur donner le temps de cicatriser les plaies que vous avez faites à notre malheureuse France ; c'est pour n'avoir plus devant nos yeux que des sujets de joie ; car pour notre amour, il est aujourd'hui ce qu'il sera dans dix ans, ce qu'il sera toujours. Et pour vous donner une preuve de sa vivacité et de sa durée, il est tout aussi profond et durera tout aussi longtemps que le mépris que nous inspirent vos Buonaparte et toute leur séquelle. Je ne perds pas de vue que c'est dans la seule intention de prouver que les seuls enrichis doivent restituer les sept cent millions, que j'ai entrepris cet ouvrage. Je poursuis.

MADAME MÈRE LÆTITIA

La conception de votre fils Nicolas-Napoléon Buonaparte fut une inspiration divine.

(FABRE de l'Aude, sénateur. *Moniteur du...* 1810.)

Toute divine ! M. Fabre ? Comment ! vous croyez, M. l'ex-sénateur, que le diable ne se mêla pas un peu de la partie ? Soyez convaincu, M. Fabre, que l'ardent désir d'une sénatorerie vous fit voir blanc ce qui était noir, et que les œuvres de Dieu portent un autre cachet. L'inspiration divine de M. Fabre m'a un peu éloigné de mon sujet ; j'y reviens. Madame mère aime beaucoup l'argent ; elle en a emporté tant qu'elle a pu ; mais elle en a laissé. Ses affidés réalisent ses prétendus biens. S'il faut renoncer à ce qu'elle a pris, c'est bien dur ; mais du moins ne souffrons pas, qu'après avoir appelé sur nous les impôts qui nous accablent, cette famille fasse encore, effrontément, enlever le peu qui nous reste.

L'usurpateur, quelque temps avant d'aller à Leipsick mériter les hommages de son sénat, en faisant sauter un pont qui anéantit douze mille hommes de son armée ; l'usurpateur, qui connaissait parfaitement madame sa mère, lui joua un tour de sa façon. Il fut la voir, et, après les compliments d'usage, la pria de lui prêter de l'argent ; madame sa mère, digne sœur de l'Eminence Fesch, jura, par tous les saints du paradis, qu'elle n'avait pas un sou. Le Corse, qui la faisait espionner depuis longtemps, savait que le coffre-fort était dans une niche pratiquée dans le mur, et masquée par un grand portrait en pied ; il n'insiste pas, se promène, parle de la pluie et du beau temps ; au bout de quelques minutes, il se campe devant le portrait, le regarde, et, comme par réflexion, prétend qu'il est dans un mauvais jour, qu'il faut le changer de place. Madame mère, épouvantée, se lève et soutient que le tableau est fort bien où il est, que c'est la seule place qui lui convienne pour qu'elle puisse contempler, tout à son aise, les traits et la majesté d'*un figlio tan caro, tan grande, tan....* (c'était le portrait de l'usurpateur). Buonaparte, tout entier à son projet, repousse madame sa mère, et, d'un signe impérieux ordonne à deux valets d'enlever le tableau ; les pleurs de madame Lætitia ne purent fléchir le fils bien-aimé : le tableau disparaît et laisse voir l'embrasure de la niche.— Ah ! ah ! dit-il, une porte secrète ! Il y a du mystère : voyons. Il approche, voit la caisse et demande la clef. Madame mère pleure et refuse ; un *je le veux*, prononcé de *ton de maître*, force l'Éminence à remettre la clef; il fait ouvrir et aperçoit une trentaine de sacs remplis de quadruples. Se retournant alors vers madame Lætitia, il lui dit : « Vous venez de me jurer par tous les « saints du paradis que vous n'aviez pas un sou ; « vous m'avez trompé. » Il s'adresse aux personnes de sa suite : « Qu'on fasse emporter cet or « chez le trésorier de ma couronne. » La mère Lætitia, désespérée de voir partir les quatre ou cinq millions qu'elle avait mis en réserve comme une poire pour la soif, ne vit plus dans ce fils, *tan caro, tan grande*, qu'un ravisseur, vous l'apostropha de plusieurs mots... et lui dit qu'il ferait une mauvaise fin. Des méchants assurèrent, à cette époque, que madame Lætitia était une vieille sorcière, dont les prédictions s'étaient toujours accomplies. Si M. de Sainte-Hélène pense quelquefois à madame sa mère, il doit lui en vouloir de la prophétie.

. . . .

. . . .

M. FESCH

EX-CARDINAL

J'ai eu l'avantage de connaître l'ex-Eminence quand il était fournisseur des vivres-*foin* et *paille* à l'armée d'Italie. Sa calotte, que son benin neveu n'avait pas encore rougie avec le sang du duc d'Enghien, avait cédé la place à un mauvais cadogan, et l'ex-Eminence s'amusait à rogner la portion des mulets et des chevaux en attendant mieux. Le retour d'Égypte monseigneurisa toute la race, et j'ose affirmer, sans craindre d'être démenti, que si nous avions en ce moment tout l'argent qu'il en coûta à la France pour monter les maisons de tous ces princes, nous paierions facilement la moitié de nos impôts de guerre (1).

L'EX-ROI JOSEPH

De toute la famille c'est celui qui a laissé le plus ; il n'a jamais douté qu'on pût lui contester un instant ses propriétés si légitimement acquises : on assure même qu'il se propose de demander incessamment des passe-ports pour venir terminer ses affaires qu'on ne fait jamais bien, dit-il, par procuration, quel que soit le dévouement des personnes en qui l'on place sa confiance. On a déjà tant écrit sur le compte de tous les individus qui composent cette famille, que l'on s'expose à répéter ce que d'autres ont déjà dit, si l'on veut parler de leur sotte présomption, de leur impudence, de leur acharnement à singer les véritables princes, sans

(1) En 1804, il en coûta plus de quatre cent millions à la France pour équiper en Majestés et en Altesses Buonaparte, Joséphine, la mère Lætitia, Joseph, Lucien, Louis, Jérome, Fesch, Élisa, Pauline, Caroline, Hortense, Eugène, Julie Clary ou sa famille, trois ou quatre Beauharnais, Bacciochi, Murat, Cambacerès et Lebrun seulement. Environ trente individus.

en avoir la moindre vertu ni la moindre grâce ; enfin, de leur insatiable avidité.

A quels nouveaux reproches, de la part des autres peuples, ne nous exposerions-nous pas, si nous souffrions que Joseph Buonaparte fît vendre publiquement des châteaux, des domaines qui ne lui appartiennent point, pour en affecter le produit à l'entretien de nos dissensions? Espérons que la sagesse de nos ministres arrêtera tant d'audace, et que, désormais, tous ces enrichis, privés d'une grande partie de leur illégitime fortune, et de l'espèce de considération qu'ils avaient usurpée comme le pouvoir, cesseront d'être dangereux pour la France devenue, par leur défaite, florissante, libre et heureuse sous le meilleur des rois et son auguste famille.

L'EX-PRINCE LUCIEN

Il est des hommes qui naissent avec le privilége de tout faire impunément. La jeunesse de Lucien en fut un exemple.

Parvenu à l'âge de raison, Buonaparte le fit nommer membre du conseil des Cinq-cents; il lui dut son triomphe au 18 brumaire ; et certes, sans

Lucien, le grand homme, le grand génie eût porté à la plaine de Grenelle cette tête maudite, dont la chute nous eût préservés de quinze ans de désastres. Lucien nous rendit ce mauvais service et s'en paya en nous pillant tout comme un Algérien. Quand Buonaparte voulut se faire empereur, Lucien, qui ne présageait pas que les prétendus républicains seraient assez lâches pour le laisser s'asseoir sur le trône, l'abandonna en pensant qu'il allait devenir leur victime; il se trompait. Les Merlin, les Fouché, les Cambacérès, entrevoyant l'espoir d'arriver plus haut, l'étayèrent. Il régna; et Lucien alla dévorer à Londres, à Rome, les millions qu'il nous avait pris. Il résista pendant douze ans à toutes les belles promesses, et n'a reparu en France qu'au 20 mars dernier, et cela parce qu'il n'avait plus rien. Il a si bien employé les quelques semaines qu'il a passées parmi nous, qu'il est reparti plus riche qu'il n'ait jamais été; celui-là, par exemple, ne laisse rien que le souvenir de ses arlequinades au Champ de Mai, à la prétendue Chambre des pairs, et aux Champs-Elysées. Je ne désespère pas de voir paraître quelque jour un mémoire justificatif de M. Canino, qui nous dira effrontément, comme certain président, que pendant vingt-six ans qu'il remplit des fonctions publiques, il n'eut jamais en vue que le bonheur des Français : au siècle où nous vivons il faut s'attendre à tout. L'audace et l'effronterie ont juré d'anéantir l'évidence.

L'EX-ROI LOUIS BUONAPARTE

De tous ces rois, Louis Buonaparte est celui qui nous a fait le moins de mal ; il sentit de bonne heure qu'il n'était pas né pour le trône, il l'abandonna, sans que les promesses et les menaces de son frère aient jamais pu parvenir à le lui faire reprendre. Les Suisses, en lui laissant la liberté de rester chez eux, l'ont récompensé de sa bonne conduite au 20 mars : traitement bien différent de celui qu'ils font éprouver à sa femme qui, dès qu'elle se présente dans un endroit, reçoit l'injonction formelle de porter plus loin ses aumôniers, ses dames d'atour et ses cinq voitures. Quand les journalistes cesseront-ils de nous entretenir, les uns par raison de clique, les autres pour remplir leurs feuilles, de tout ce que fait madame la duchesse de Saint-Leu? Nos ministres qui savent combien Hortense est dangereuse, ont seuls besoin d'être éclairés sur sa conduite ; et les journalistes ne trouveront pas mauvais que Leurs Excellences fassent prendre leurs renseignements ailleurs que dans leurs gazettes.

L'EX-ROI JÉROME

Déplorons le sort des rois qu'une cruelle fatalité et le besoin impérieux d'arrêter l'effusion du sang de leurs peuples, forcèrent à souiller leur propre sang en s'alliant à cette famille.

Jérôme Buonaparte, gendre du roi de Wurtemberg!!! Ils seraient bien ingrats les habitants de ces contrées, s'ils ne sentaient tout le prix d'un pareil sacrifice, et si, à force d'amour, ils ne cherchaient à alléger à leur monarque le poids d'un souvenir aussi déchirant.

Quant à nous, débarrassés de l'usurpation, rendus à la légitimité de toutes les vertus, chantons *Alleluia.*

LES EX-PRINCESSES ÉLISA, CAROLINE ET PAULINE

Les trois filles de la mère Lœtitia chassèrent de race. Leur avidité surpassa celle de leurs frères. On a vu Pauline pleurer parce qu'une garniture de brillants que lui avait donnée l'usurpateur, était moins belle que celle que certain joaillier montait pour une princesse d'Allemagne. Cette même Pauline, aujourd'hui Borghèse, en revenant de Saint-Domingue, où elle avait enterré son premier époux (Leclerc), se fit porter en litière de Toulon à Marseille, parce que la route était pierreuse ; l'ex-Altesse redoutait le cahotement.

Caroline, aujourd'hui veuve Murat, disait avant de partir pour Naples, à une personne remplie d'esprit, qui, par faiblesse et par besoin, avait consenti à devenir dame d'honneur de l'ex-Majesté : « Ah ! ma chère Eugénie, pourquoi faut-il que » Napoléon soit mon frère ! et que sous tous les » rapports le trône de France est préférable à celui » de Naples ! »

L'ex-grande duchesse Elisa, que les Marseillais ont vue pendant longtemps promenant sa misère dans les rues de leur belle cité, se maria avec un espèce d'imbécile nommé Bacciochi. Je les rencontrai, à cette époque, dans une société où ils faisaient tous les deux une fort sotte figure. C'était, parmi les jeunes gens, à qui ne danserait pas avec la femme qu'on appelait *grande chèvre* et à qui ne jouerait pas avec le mari, qu'on désignait sous le nom de *flandrin*. Tout cela se passait chez Madame Henrigue et chez les dames Barrié, aux allées de Meillan. On assure que sitôt après l'usurpation, Elisa fit payer à quelques jeunes Marseillais les mystifications dont ils l'avaient abreuvée; devenue grande duchesse, on ne put jamais parvenir à lui faire lire autre chose que la vie des reines les plus célèbres.

Toutes ces belles dames ont laissé leurs agents à Paris ; les uns vendent, les autres vont nuitamment retirer du sein de la terre l'argent et les effets précieux que la peur, ce sentiment qui pousse la famille d'un pôle à l'autre, avait fait enfouir ; mais ce qui me rassure, c'est que nos lois, nos ministres et nos cours prévotales acquièrent tous les jours une solidité, une force dont l'*éclat de la visibilité* doit frapper les connaisseurs. Je commence à croire que notre bon Roi n'aura pas besoin de recourir au conseil que M. le comte de Lanjuinais fit donner à Sa Majesté pour se former une armée fidèle et dévouée, et avoir de l'argent. Le moyen que prend Son Excellence le ministre de la guerre, pour s'assurer de la fidélité de cette armée, me paraît presque aussi convenable que celui que proposait M. le comte de Lanjuinais, qui, pendant vingt-six ans, a constamment travaillé au bonheur du peuple français ; quand je vous crie que ces gens là ne cherchent qu'à tuer l'évidence !!!. Vingt-six ans de bonheur !!!!! pour ces vingt-six années, M. Lanjuinais, qui n'a rien volé (et cela sans ironie), nous coûte neuf cents et quelques mille francs, y compris le premier trimestre de la fameuse présidence ; j'ai fait son compte. Il est étonnant qu'après avoir payé tant de bonheur, l'on nous en ait donné si peu, mais si peu, que je suis tout prêt à rompre une lance pour prouver qu'il n'a jamais acquis l'*éclat de la visibilité.*

CHAPITRE LXXIII

LES GÉNÉRAUX ENRICHIS

Deux cents généraux de division, tous enrichis, et parmi lesquels on en compte à peine trente qui, au 20 mars, ne se soient pas rangés sous les aigles de l'usurpateur, doivent, ce me semble, contribuer à cicatriser les plaies qu'ils ont faites à leur patrie. Ils se sont bien battus, j'en conviens, mais ils ont presque tous fait chez les autres ce que l'on est venu faire chez nous ; ils ont levé les impôts, fait des réquisitions ; ils ont enfin mis la France dans la dure nécessité de rendre tout ce qu'ils avaient pris. Ils serait donc de toute injustice de ne pas appeler ces messieurs au rétablissement de l'ordre et au soulagement des maux qu'ils ont causés, d'autant que, comme je l'ai dit, plusieurs d'entre eux sont extrêmement enrichis, tels que MM. Defrance, Lemarrois, Gueheneuc, Friant, Vatier de Saint-

Alphonse, Dériot, Walther, Ornano, Sébastiani, Boursier, Duhem, Delaborde, Maurice Mathieu. Sorbier, Turreau de Linière, Belliard, Moran, Julien, Molitor, Chambarlac, Curial, Decaen, Fouler, Milhaud, Darricau, Doumerc, Travot, Mathieu Dumas, Gassendi, Rapp, Souham, Chabot, Habern, Teste, Gili, Fririon, Kellermann, Lahoussaye, Denzel, Excelmans, Clausel, Compan, Dubreton, Lebrun et cent autres, tous bien enrichis, et tous grands napoléoniens.

CHAPITRE LXXIV

LES ANCIENS GRANDS PRÉFETS

Il existe en France une vingtaine de préfets qui arrivèrent à leur administration nus comme de petits saint-Jean, et qui au bout de huit à dix ans de gestion, se virent possesseurs de trente à quarante mille livres de rente. Je demande ce qu'auront à dire ces messieurs lorsqu'on leur prendra la moitié de cette fortune. Ils crieront vraisemblablement à la réaction, à l'arbitraire!!!...

CHAPITRE LXXV

LES RECEVEURS GÉNÉRAUX DES DÉPARTEMENTS

Ces grandes places à argent, furent toujours sous le Corse, le patrimoine des grands-adhérents ; je vais en donner la preuve.

A Versailles (la plus lucrative de toutes), depuis treize ans, elle était sur la tête d'un nommé Gillet d'Avignon, beau-frère de M. Cambacérès, l'ex-prince. Et pour peu que mes lecteurs me pressent, je leur apprendrai comment ce M. Gillet, greffier d'un juge de paix de canton dans les environs de Carpentras, s'est trouvé tout à coup le frère d'un prince, d'un cardinal, et d'un receveur général du département de Seine-et-Oise, place dont le cautionnement n'était rien moins que cinq cent mille francs.

En mil sept cent quatre-vingt-un, M. Cambacérès, père de l'ex-Altesse et de l'Eminence, était premier consul de la ville de Montpellier, ce qui équivaut à la place de maire. J'ignore comment il advint que cette place honorable, dont la représentation n'entraînait aucune dépense ruineuse, mit M. Cambacérès dans le cas de faire de mauvaises affaires ; mais ce qu'il y a de bien sûr, c'est que le père de nos grands dignitaires fit banqueroute, et par suite misérable cession de biens, et que, pour sa sûreté, il se réfugia à Avignon, terre franche pour les banqueroutiers. Il s'y établit et y convola en secondes noces, eut des enfants, qui ne surent que fort tard qu'ils avaient des frères à Montpellier. La révolution arrive, M. l'ex-conseiller à la Cour des aides vient à Paris comme député à la première législature : nous savons comment il fit son rapide chemin, et nous nous hâterons d'arriver à l'époque du gouvernement consulaire ; Buonaparte, premier, lui second, et Lebrun troisième. On lit les gazettes dans les environs de Carpentras, à la vérité dix jours plus tard qu'à Paris, mais enfin, on les lit.

Mademoiselle Cambacérès d'Avignon, dont notre second consul ne soupçonnait pas même l'existence, naquit quelques années avant la révolution. Orpheline de bonne heure, et peu fortunée, elle jouit de l'avantage de pouvoir unir son sort à celui d'un homme de son choix ; elle épousa M. Gillet, écrivain chez le greffier du juge de paix de son canton. J'ai déjà dit qu'on lisait les journaux dans ce pays-là. Un beau jour, M. Gillet arrive tout enchanté, et apprend à sa femme que M. Cambacérès (de Montpellier) vient d'être nommé second consul.

« Il est vraisemblablement ton parent ; il fera » peut-être quelque chose pour nous, écris-» lui.

« — Si c'est l'ancien conseiller à la Cour des » aides, ou le chanoine, maman m'a toujours dit » qu'ils étaient mes frères. Mais, bah ! écrire de si » loin, ils ne me répondront pas ; j'aimerais au-» tant y aller.

Nouvelle Eve, elle tenta son Adam ; ils réalisèrent leur petit pécule, et deux mois après ils étaient à Paris, rue ***. La maîtresse de la maison dans laquelle ils descendirent, leur eut bien vite donné l'adresse du second consul. Le lendemain à midi, heure à laquelle ils jugèrent que la seconde personne du gouvernement de France pouvait être visible, ils se présentèrent à l'hôtel d'Elbeuf. Obligés de décliner leur nom à un valet, qui les toisait déjà des pieds jusqu'à la tête, la jeune dame, d'un ton très-décidé prononça : *Madame Gillet née Cambacérès, et son époux*. A ces mots magiques, *née Cambacérès*, le valet s'incline, et court annoncer.

L'ex-Altesse consulaire, tout aussi surprise que son valet, se fait répéter *née Cambacérès ;* et quand elle ne put douter de la vérité par l'affirmation réitérée de son valet, elle ordonna qu'on introduisît. Il voit paraître une jeune dame très-décemment mise, et qui d'un ton aussi libre que respectueux lui demande si c'est à M. de Cambacérès, ci-devant conseiller à la Cour des aides de Montpellier, qu'elle a l'honneur de s'adresser.

— Oui, madame, répond très-gravement notre consul.

— En ce cas-là, dit la dame d'un ton presque leste, permettez, mon cher frère, que je vous embrasse, et que j'aie l'honneur de vous présenter mon époux. M. Cambacérès, qui, quoi qu'on en dise, fut toujours très-galant envers les dames, se prêta de la meilleure grâce du monde à la reconnaissance ; et ce ne fut que quelques instants après que madame Gillet put lui présenter les pièces probantes de leur consanguinité. Un gros joufflu, ancien procureur du Roi de je ne sais quel parlement, se trouvait présent à cette scène vraiment comique, où la gravité du magistrat dut céder à la simplicité déterminée d'une jeune femme de province, que l'appareil de la suprême puissance n'épouvanta point.

Le second consul, après s'être fait rendre compte de la situation des affaires de ses jeunes parents, pensa à les placer d'une manière convenable et pour eux et pour lui, et comme il en cherchait les moyens, Buonaparte les lui donna le jour même.

Cambacérès dînait à la Cour; entre la poire et le fromage, Buonaperte, qui avait des espions partout, lui dit :

— « A propos, second consul, il vous est arrivé un » parent? Qu'en faites-vous?

— « Général premier consul, j'attendrai qu'il se » présente quelque occasion.....

« — J'ai votre affaire. Je lui donne la place de » receveur général de Seine-et-Oise; elle m'est » demandée par une infinité de gens riches qui n'en » ont pas besoin; d'ailleurs, je suis enchanté de » faire quelque chose pour vous, qui me servez de » bon cœur. (Il pensait à l'empire.)

« — Arrangez cela pour le mieux. »

Le lendemain M. Sabathier, riche banquier demeurant place Vendôme, avait fourni le cautionnement de cinq cent mille francs, et M. Gillet était entré en fonctions d'une place qui rapporte plus de cent mille francs par an, l'intérêt du cautionnement prélevé. Et d'un.

A Angers, la place de receveur général du département a été pendant longtemps gérée par un M. Taille-Pied de Bondy ;

A Montpellier, elle l'est encore par M. Despoux fils ;

A Troyes, elle l'était encore, il y a trois mois, par M. Pierlot ;

A Dijon, par M. Lejeas, grand adhérent ;

A Valence, par M. Blachette ;

A Rouen, par M. Corbineau, frère du général ;

A Tours, par M. Peyrusse, frère du trésorier du Corse ;

A Alençon, par un M. Decrès ;

A Tarbes, par M. Barbanègre, frère du général.

A Vesoul, par M. Junot ;

A Montauban, par M. Anduse ;

Toutes les autres ont été, pendant quinze ans, gérées de la même manière ; elles ont toujours servi à enrichir les parents des grands adhérents ; et sur quatre-vingt-dix places de cette nature on n'en trouvera pas dix dont les titulaires ne portent le cachet des douze que j'ai cités, et les 700 millions pèseraient sur la masse des Français !!!!!

CHAPITRE LXXVI

LES DIRECTEURS PRINCIPAUX DES DROITS-RÉUNIS, ET LES ENTREPOSEURS DE TABAC

En toute justice, si quelqu'un doit payer dans cette circonstance, n'est-ce pas encore ces deux cents individus qui, dans les premiers temps de la mise en activité de tous ces impôts, se gorgèrent tellement de rapines, qu'il ne leur fallut que deux ou trois ans de gestion pour s'assurer de grosses fortunes ?

Voulez-vous une preuve certaine que toutes ces places furent, sans exception, le prix de quelque crime révolutionnaire, ou d'une grande adhérence, ou d'une parenté de grand faiseur ? Ouvrez les registres de cette administration, et vous frémirez. Non, non, j'en reviens à mon refrain : le peuple français ne saurait être réduit à la dernière extrémité, pour laisser à deux ou trois mille individus le fruit de leurs concussions et de leurs crimes.

CHAPITRE LXXVII

DES FOURNITURES PUBLIQUES ET DES GRANDS FOURNISSEURS

On a dû s'apercevoir que, lorsque j'ai voulu désigner de grands enrichis, soit par leur connivence, soit par leur adhésion à tous les crimes, je ne leur ai pas caché tout ce que je savais sur leur compte ; je déclare donc ici que je ne vais parler que des circonstances qui ont enrichi quelques fournisseurs à tel point, qu'ils en furent étonnés eux-mêmes. Quant à leurs opinions et à leurs actions dans ces derniers temps, je ne les connais pas. Je présume aussi que leurs grandes opérations financières les auront toujours empêchés de pouvoir se livrer à la politique; en cela, ils n'en sont que plus heureux : ils se sont évité beaucoup de tracasseries, et peut-être de grands repentirs.

Rien de mieux acquis assurément que la fortune d'un particulier qui, par son travail assidu, par l'avance de ses fonds, parvient, après un laps de temps plus ou moins long, à doubler, tripler, quintupler même ses capitaux; mais l'homme que les malheurs de son pays, quoiqu'il n'y ait pris aucune part, ont extraordinairement enrichi, ne doit-il pas de prompts et vigoureux secours à ce même pays, réduit à l'extrémité par les mêmes malheurs qui firent sa fortune?....

De plus, je demanderai si, lorsque la France était heureuse, florissante et paisible, en 1780 par exemple, il eût été possible à un fournisseur de vivres-pain, de vivres-viande; à un fournisseur de draps, de cuirs, et enfin de tout ce qui est nécessaire à la troupe, de gagner en trois, quatre et cinq ans au plus, cinq, dix, quinze, et vingt millions?....

Mais, Monsieur, me dira-t-on, les temps n'étaient plus les mêmes. La révolution, les guerres....

— Ah! je vous tiens; la révolution, les guerres injustes, nous ruinèrent et vous enrichirent. Eh bien!... il faut payer. Nous n'avons rien, vous avez tout.

— Mais ce que nous avosu nous appartient, « nous l'avons gagné honnêtement.

— Je ne conteste pas; je ne veux pas même dire à quelques-uns d'entre vous qu'il serait possible que vous eussiez profité de la cupidité de certains représentants en mission aux armées, dans les départements, et vous faire, pour un millier de louis, adjuger des fournitures sans adjudication publique. Je ne veux même pas admettre que vous ayez jamais eu la pensée de corrompre l'incorruptible Barras au moyen d'un portefeuille de *maroquin lilas, doublé de satin blanc, avec son chiffre brodé en or, et un solitaire de vingt mille francs formant la tête d'un porte-crayon d'or qui aurait servi de fermoir au portefeuille, contenant* DEUX CENTS BILLETS DE LA BANQUE *de l'hôtel Massiac, le tout offert par la plus jolie prêtresse de notre révolution;* je ne veux pas, dis-je, admettre la possibilité de ce fait-là qui pourtant ne comporte en soi rien de bien extraordinaire ; mais vous avez des millions qui vous tombaient comme des nues, quand les misérables qui vous les octroyaient n'étaient occupés qu'à traîner la France dans l'abîme ; vous êtes les seuls à qui cette horrible révolution ait été profitable (les révolutionnaires à part) ; comment hésiteriez-vous à rendre à votre patrie rentrée sous la garde tutélaire de son roi légitime, et sous son gouvernement paternel, une portion de cette grande fortune que vous ne devez qu'à nos troubles, malgré, je le répète, que vous n'ayez pris aucune part à ces mêmes troubles?....

— Mais, Monsieur, nous avons fait l'avance

« de nos grands capitaux, nous avons couru des « risques.... et nous ne sommes pas, d'ailleurs, « aussi riches que vous nous faites....

— « Halte-là, Messieurs, l'avance de vos « grands capitaux!.... C'est trop fort. Auriez « vous, par hasard aussi, vous autre messieurs les « iournisseurs l'envie de tuer l'évidence?.... Vos « grands capitaux!!! procédons »

LES FRÈRES MICHEL

Les grands capitaux des frères Michel, quand ils arrivèrent à Paris! Braves Bordelais, vous le savez, et les anciens agents de change de Paris aussi ; ils n'avaient pas vingt mille francs à eux deux. Ils fournirent la république de je ne sais quoi ; et cinq ou six ans après, M. Audibert de Marseille, chargé, lorsque les deux frères se séparèrent, de présider à l'inventaire, leur partagea dix-sept millions (c'est un fait connu de toute la bourse de Paris.) Les deux frères ainsi divisés, entreprirent la banque chacun de leur côté, et mirent en avant leurs grands capitaux. Pour cette fois ils ne mentaient pas. On connaît tous les procès scandaleux qu'a occasionnés la fortune de ces messieurs qui courent le monde, sans s'inquiéter des malheurs de leur patrie, qui serait beaucoup moins malade si les messieurs Michel avaient dix millions de moins, et que par contre-coup vingt mille pauvres habitants de nos campagnes dévastées eussent chacun cinq cents francs de plus.

Avec cinq cents francs on reconstruit une chaumière, on refait un petit potager, on remplace la vache que les Prussiens ont mangée, on bénit son roi légitime, on lui souhaite tout le bonheur que ses vertus lui méritent et l'on s'endort paisiblement.

M. SÉGUIN

M. Seguin, surnommé le marchand de cuirs, vint à Paris, le sac sur le dos; fournit la république à l'aide de quelques protecteurs, et au bout de quatre ou cinq ans, il fit comme les autres, compta par millions; mais par beaucoup de millions.

L'ex-ministre d'Etat Defermont qui, de temps en temps, chatouillait ces Messieurs pour le compte de l'usurpateur, en sait long sur leurs fortunes; il assurait que celle de M. Seguin égalait presque celle des deux frères Michel. J'ignore si M. Defermont avait quelque raison particulière de grossir la fortune de M. Seguin ; mais, à quelques millions près, M. Seguin jouit à la bourse de Paris de la réputation d'être un des plus riches particuliers de France.

A toutes les saignées que l'ancien gouvernement faisait à la grosse fortune de M. Seguin, pour des besoins le plus souvent criminels, M. Seguin de payer et se taire. Et si aujourd'hui, pour la plus sainte des causes, la tranquillité, le bonheur de la patrie, on demande à M. Seguin quelques sacrifices, il criera peut-être, je n'en voudrais pas jurer ; il dira qu'on lui prend son bien, ce qu'il a gagné à la sueur de son front. Attendons : il peut se faire que je me trompe : je le désire. Dans tous les cas, nous le verrons bien.

M. COLLOT

Riche et honnête banquier de Paris, aujourd'hui receveur-général du département des Bouches-du-Rhône, fils d'un honnête épicier de Montpellier, reçut, très-jeune encore, soixante mille francs pour sa part à la succession de feu son père qui mourut quelques années avant la révolution.

En 1792, M. Collot avait déjà dissipé sa fortune.

En 1793, il partit de Paris en qualité de fournisseur des vivres-viande à l'armée d'Italie.

En 1797, M. Collot était de retour à Paris, faisait la commandite à la maison de banque de Martin Puech de Paris et à la maison Salavy de Marseille, dans lesquelles il avait versé plusieurs millions.

En 1802 ou 1803, il eut la fourniture générale de la marine. A cette époque M. Collot passait à la bourse de Paris pour être riche de sept à huit millions.

Assurément M. Collot justifie, sous tous les rapports, et la bonne réputation dont il jouit, et la marque de confiance et de considération que viennent de lui donner les ministres de notre sage monarque ; mais, ou je serais bien trompé, ou tout cela n'empêchera M. Collot de crier *à la violation de patrimoine! à la violation des sueurs de front!* si on lui demande seulement quelques centaines de mille francs, en lui faisant observer qu'il ne fallut rien moins que le renversement de tous les principes sous Robespierre et sous Buonaparte, pour mettre un particulier à même de gagner, dans le court espace de trois ans, six millions de bien.

A Dieu ne plaise que j'accuse ici M. Collot d'avoir coopéré en rien au malheur de la France! mais il ne peut se dissimuler que les misérables qui lui facilitèrent les moyens d'arriver à cette grande fortune, n'aient été les plus cruels ennemis de son pays.

M. OUVRARD

Même début, même résultat; mais plus grand, plus magnifique, plus dissipateur, si l'on veut, que ses collègues, il n'est plus aussi riche. Cela n'empêche pas que, sans toucher à son patrimoine, qui ne fut pas bien lourd, il ne puisse offrir aux besoins de la France quelques centaines de mille francs et cela, sans se gêner, et même sans cesser de faire courir nos Therpsicores dans des équipages superbes.

Il existe encore une infinité de fournisseurs en sous-ordre qui, sans avoir des millions, sont millionnaires; et le million qu'ils possèdent leur est venu comme les millions des premiers, je veux dire avec rien, toujours par suite de nos malheurs.

CHAPITRE LXXVIII

DES MAISONS DE JEUX

Louis XVI, de glorieuse mémoire, préserva la France, pendant tout son règne, du fléau des maisons de jeu. Cet infortuné monarque, qui dans toutes ses actions avait pour mobile l'amour de son peuple, ne voulut jamais permettre qu'on ouvrît de ces cavernes publiques. Il était réservé à ces hommes immoraux, criminels, qui assassinèrent leur roi, en se proclamant les vertueux par excellence, il leur était réservé, dis-je, de consommer la ruine de ce peuple, en lui fournissant l'occasion de chercher dans le hasard, *souvent fixé contre lui* des moyens d'existence et d'entretien que, sous son bon roi, il ne trouvait que dans un travail tout à la fois honorable et productif. La révolution nous amena donc l'immoralité, les crimes et les tripots. Trente de ces brillantes sentines furent ouvertes dans la capitale, et par suite dans les grandes villes du royaume. Lyon, Bordeaux, Marseille, Nantes, Toulouse, gémirent pendant longtemps de l'arrêté de M. Fouché qui les forçait à faire jouer leurs paisibles habitants. Votre courageux dévouement trouvera ici sa place, honorable conseiller de la préfecture d'Agen, dont je suis bien fâché de ne passavoir le nom.

A l'époque du sacre de l'usurpateur, les grands préfets venus à Paris par ordre furent mandés un beau matin, un beau soir si l'on veut, chez M. Fouché, ministre de la police; là, en présence de M. Perrin l'aîné, administrateur général des jeux de France, il leur fut demandé si le chef-lieu de leur département pouvait supporter deux ou trois roulettes, une banque de trente et un et un passe-dix? M. Perrin, sans être né orateur, et sans avoir rien fait pour le devenir, développa, dans un discours plein d'énergie, les avantages immenses qui résulteraient pour ces messieurs, d'un pareil établissement. L'éloquent administrateur entraîna son auditoire; par la force.... des pensées? — Non. A grands coups de ces arguments dont l'irrésistibilité est si bien démontrée par le Basile de Beaumarchais. — L'affaire se termina à la grande satisfaction des nobles parties contractantes. M. Perrin porta les émoluments de M. Fouché à trois mille francs par jour; il ajourna messieurs les préfets à dîner pour le surlendemain rue de Provence, et cela pour leur donner, disait-il, le denier à Dieu (ils avaient déjà le denier au diable) ; la part du Corse, c'est-à-dire, le prix de la ferme, fut augmentée de cinq cent mille francs par an ; et toute la bande de se réjouir.

Messieurs les préfets n'eurent garde de manquer à une aussi honorable invitation ; au jour marqué, ils se rendirent tous, *in fiocchi*, au rendez-vous; le dîner fut ce qu'il devait être, charmant. Les mots heureux, les saillies piquantes, les vins exquis, les femmes chargées de diamants, et, ne craignons pas de le dire, les jolis arguments de M. Perrin, tout contribua à l'enchantement de nos préfets.

Entre les cafés et les sorbets, M. Perrin pria ces messieurs de vouloir bien passer, pour quelques instants, dans un cabinet, et là, il leur parla à peu près en ces termes. « Messieurs, les fêtes et les plai-
« sirs de la capitale vous retiendront vraisembla-
« blement éloignés de chez vous plus longtemps
« que vous ne l'auriez cru ; veuillez, je vous prie,
« avoir la complaisance d'apposer votre signature
« sur les circulaires que j'ai l'honneur de vous pré-
« senter ; je me charge de les faire parvenir moi-
« même. »

M. Perrin, si vous niez, présentez-vous avec votre bail de 1805, je vous attends. Quant aux préfets, je suis tranquille, ils ne diront rien. L'article des 3000 francs par jour à M. Fouché n'a été divilgué que par Perrin lui-même.

On assure qu'un des préfets trouvant l'article des foires de campagne inconvenant, hésitait à signer ; quand Perrin, d'un ton persuasif, lui dit en lui serrant la main : « Allons, Monsieur le préfet, vous faites l'enfant. » Dès l'instant plus d'inconvenance, plus d'hésitation ; M. le préfet, se hâtant de renfermer dans son gousset quelques papiers bien minces qu'il avait dans la main et qui le gênaient pour signer, prit hardiment la plume et consomma la chose.

Perrin se hâta de faire partir les circulaires. Ses affidés les suivirent de près. Ils arrivèrent bientôt à leur destination respective. Un détachement de la bande de Bordeaux fut envoyé à la foire d'Agen. L'agent principal de Perrin se nommait Saint-Ange; il se présente à la préfecture, se dit chargé d'une mission de son excellence le ministre de la police ; on l'introduit. Le préfet était absent, le premier conseiller de préfecture lui demande de quelle nature est sa mission? Saint-Ange exhibe l'ordre de M. Fouché, et ajoute que M. le préfet a dû en intimer un tout pareil. L'honnête conseiller lui répond, en lui rendant ses papiers :

« Allez, Monsieur (il regarde sa montre) ; il est « trois heures, si à cinq heures vous êtes dans

« Agen, je vous fais conduire à la maison d'arrêt,
« vous et tous vos compagnons.

— Mais, Monsieur, voilà l'ordre du ministre, je « ne partirai pas ; je suis en règle, nous verrons; « je vais écrire à Paris.

— Allez, Monsieur, à cinq heures, n'oubliez « pas. »

Saint-Ange sort bien déterminé à ne pas obéir; il court à son auberge, monte à sa chambre et se dispose à écrire à Perrin. Sa correspondance finissait à peine, lorsque quatre gendarmes se présentent et lui disent :

— « Monsieur, il est cinq heures ; partez-vous? ou bien, il faut nous suivre.

« Comment, messieurs! voilà l'ordre du minis-« tre ; je suis un citoyen estimable, et vouloir me « renvoyer comme un malfaiteur...

— « Encore une fois, Monsieur, partez-vous? ou nous suivez-vous? »

Enfin, après un assez long pourparler, M. Saint-Ange obtint des gendarmes que l'un d'entre eux irait trouver M. le conseiller de préfecture pour lui représenter que la diligence devant passer à quatre heures du matin, M. Saint-Ange demandait la faveur d'être souffert dans Agen jusqu'à ce moment. M. le conseiller y consentit, en enjoignant aux gendarmes de tenir la main au prompt départ de tous ces messieurs. Cet honnête conseiller, au lieu d'être fait préfet, fut destitué quelques mois après : on n'osa pas pousser l'impudeur jusqu'à le destituer de suite.

Les maisons de jeu du Palais-Royal datent à peu près du commencement de la révolution. On a beaucoup écrit pour prouver le mal infini que font au commerce, à la morale et à l'honneur, toutes ce institutions révolutionnaires. Quant à moi, je n'en parle que pour faire contribuer au soulagement de la misère commune tous ces banquiers de jeux enrichis de nos larmes et de leurs crimes, et presque tous entachés d'un napoléonisme révoltant.

Quant à cela, il ne faut pas s'en étonner ; et si les fortunes mal acquises durent jamais acquitter le dettes d'un Etat, à coup sûr on peut frapper sans crainte sur celles des Perrin, Bazoin, Ragouleau, et Bernard.

Je vais les signaler.

LES FRÈRES PERRIN

Perrin l'aîné vint à Paris avant la révolution, et avec les maisons de jeu. Les *honnêtes gens* sortaient alors de leurs tannières; la maison qu'il abandonnait à Lyon, son pays natal, n'était pas tout à fait aussi belle que Petit-Bourg. Tant il y a que pour vivre, M. Perrin entra en qualité de *monsieur de la chambre*, dans un tripot (on appelle *monsieur de la chambre*, un valet). Là, M. Perrin se livra à son goût favori, le désir de gagner de l'argent, n'importe à quel prix. Il avait apporté une centaine d'écus qu'il commença à faire valoir. Il prêta à quelques jeunes gens de famille, sur leurs montres, sur leurs bagues, et cela au modique intérêt de trois francs par louis pour vingt-quatre heures ; il allait tous les matins battre les habits d'un bailleur de fonds, qu'on appelait, à ce que je crois, M. de la Neu... Enfin, il fit tant et si bien qu'au bout de deux ou trois ans, il sauta de l'office au salon, et de valet bien souple devint maître bien imprudent. Il se fit, comme bien d'autres, bailleur de fonds ; il eut des biribis, des roulettes, des trente-un. Les badauds des provinces venant se faire dévaliser à qui mieux mieux, Perrin, qui, en 1790, était venu à Paris avec cent écus, se vit, en 1796, riche à plus de trois millions, donnant à jouer dans le palais de monseigneur le duc d'Orléans, et entretenant publiquement à trois ou quatre mille fr. par semaine, madame Prévôt, dont le luxe effréné n'a jamais été éclipsé que par celui d es....

Ne doutant de rien, Perrin ose acheter Petit-Bourg. L'effronté ne s'avise-t-il pas d'y faire des embellissements, en disant que ce château n'était pas habitable? L'asile des Condé pas assez beau pour Perrin!!!!! Quel bouleversement!

On sera moins étonné du grand dévouement de tous ces *tripotiers*, chefs et subalternes au parti de l'usurpateur, quand on saura qu'à la conformité des vices, se joignait l'important service que leur rendit le Corse. Le voici :

Avant Buonaparte l'argent ne donnait pas la considération à tous ces valets enrichis; ils étaient bafoués, même dans leurs cavernes; le jeune homme qui perdait son argent, les appelait voleurs, brigands, leur crachait même à la figure : et impassibles dans leur fange, ils souffraient tout. L'employé qui se serait permis la moindre observation aurait été renvoyé sur-le-champ par Perrin, qui leur disait : « Vous êtes des automates ; souvenez-vous-« en; vous devez tout entendre, tout souffrir et ne

« rien dire; j'en ai bien vu d'autres, moi, avant « d'arriver à pouvoir être maître de maison; vous « venez dans le bon temps, vous autres, et puis, « Messieurs, trente francs par jour font passer par-« dessus bien des petites choses. Allez, *immobi-« les.* » On a vu vingt fois le général Souham prendre les cartes et les leur jeter à la figure. Avec le Corse tout changea; le tripot fut organisé en administration, et les employés, ainsi que leur honneur et leur amour-propre, mis sous la sauvegarde de Dubois, préfet de police, qui se fit représenter par le vertueux Comminge.

Dès ce moment on fit observer à messieurs les joueurs que les employés étaient de très honnêtes gens qu'il fallait ménager, et que la police n'entendait pas qu'on les insultât.

Les choses allant de mal en pis, Savary remplaça Fouché, Bernard remplaça Perrin, et les maisons de jeux devinrent un coupe-gorge où les valets parvenus, rendus à leur impudence première, nsultèrent ouvertement les hommes qu'ils venaient de dévaliser. La police était là pour leur donner raison et faire enlever le malheureux qui osait se plaindre.

Voilà le motif pour lequel toute cette prétendue administration, à quelques légères exceptions près, est restée constante dans son dévoûment à l'usurpateur, à Savary et à Bernard.

Revenons à Perrin. Les jeux lui échappèrent quand le ministère de la police fut enlevé à M. Fouché. A cette époque, Perrin l'aîné possédait huit à dix millions.

Si la divine Providence eût permis que la France fût assez heureuse pour n'avoir pas de révolution, M. Perrin aurait-il dix millions ?... Non. Ce sont donc les malheurs de la France qui ont enrichi M. Perrin ?... Oui, aujourd'hui que le courroux du ciel est apaisé, que notre bon roi nous est rendu, où Sa Majesté pourra-t-elle prendre l'argent nécessaire pour réparer tout le mal ? Chez messieurs Perrin et trois mille autres qui l'ont acquis d'une manière illégitime.—C'est donc votre dernier mot ? Oui ; et tout autre moyen ne serait qu'un palliatif dangereux.

PERRIN CADET, DIT L'ABBÉ

Quand l'aîné eut commencé sa fortune, il manda son frère à Paris, et l'employa dans ses maisons. Même bassesse, même cupidité et même résultat, en proportion de l'intérêt cédé; mais, surtout, même endurcissement à l'égard des malheureux que le désespoir poussait à se détruire, et trop souvent à faire pis. Je ne citerai que le fait suivant connu de plusieurs personnes.

En 1802, un émigré rentré tout nouvellement en France, qui se nommait M. le chevalier Beaumont, jouait au trente-un dans une maison du Palais-Royal, dite *le Club polonais*. Il perdait; cela n'étonnera personne. Comminge et Perrin le cade était présents; poussé à son dernier coup de *martingale* (1), M. de Beaumont tire de son portefeuille cent soixante-dix mille francs en billets de banque, les met sur le tapis et les perd. Il incline sa tête sur ses mains, pousse un douloureux soupir et sort. Un de ses amis le suit. Il le voit traverser le jardin du Palais-Royal, entrer dans la rue de Richelieu et au grand hôtel Vauban où il logeait. Inquiet, cet ami se présente à l'hôtel, et demande si M. de Beaumont est visible? La portière lui répond : Non, Monsieur, il vient de rentrer; mais il m'a bien défendu de laisser monter personne. Comme il conversait avec elle, le bruit d'un coup de pistolet vient lui apprendre que ses pressentiments n'étaient que trop fondés; il court et trouve M. de Beaumont étendu dans

(1) *Martingale*, signifie *oppression*.

un fauteuil et baignant dans son sang. La maîtresse de la maison était accourue et ordonnait à la portière d'aller chercher M. Comminges, commissaire du quartier.

« Je sais où il est, Madame, je vais vous l'en-« voyer », dit en s'en allant l'ami de M. de Beaumont ; il remonte au Club polonais, prévient Comminges de ce qui vient de se passer : plusieurs joueurs s'étaient rassemblés autour de lui pour apprendre cette fâcheuse nouvelle ; et comme ils avaient fini de jouer, et qu'ils manifestaient hautement leurs diverses opinions sur cet acte de courage, Perrin le cadet leur parla de la sorte :

« Doucement, doucement, Messieurs, reprenez « vos places : de quoi vous occupez-vous là ? C'est « un fou qui vient de couronner toutes ses autres « folies, FAITES VOTRE JEU, MESSIEURS, RIEN NE « VA PLUS. »

Tout en disant cela, Perrin mettait en ordre les trois cent quarante billets de cinq cents francs de M. Beaumont, qui étaient épars sur la banque. On assure que deux femmes qui faisaient les honneurs de cette maison, ne purent retenir leur indignation, et que l'une d'elles s'écria : (c'est, je crois, l'ancienne Adeline des Italiens) « *Oh ! l'abominable « homme que cet abbé Perrin !* »

Se doutant de ce qui va leur arriver, les frères

Perrin font courir le bruit qu'ils sont ruinés, qu'ils ont perdu des millions et des millions à la dernière baisse des fonds publics.

BAZOIN

Garçon de caisse, enrichi comme Perrin l'aîné, en commençant par prêter quelques louis sur un nantissement de quatre fois la valeur au moins. Quand Perrin, engraissé, voulut singer ce qu'il avait vu faire à ses maîtres, il se reposa sur Bazoin du gouvernement de sa grande administration. Celui-ci travailla d'abord pour lui-même. Cinq mois après son arrivée à la présidence, il acheta la superbe terre de Gravels, évaluée huit à neuf cent mille francs; il compte aujourd'hui par millions et millions.

Si vous avez affaire à lui, vous le trouverez dans son superbe hôtel, rue de Provence. Là, noir comme un corbeau, enveloppé d'une immense robe de chambre de piqué blanc, il vous fera les honneurs de son palais, surtout si vous arrivez en voiture. Mais malheur à vous si les valets aperçoivent la moindre tache de boue sur vos souliers.

Vous seriez porteur d'un nom superbe, je doute que vous fussiez admis, tant est invincible l'horreur que ces ingrats portent à l'élément d'où ils sont sortis. — Conclusion. Les millions de Bazoin, comme ceux des Perrin, doivent concourir à fermer la plaie qu'ils ont faite.

RAGOULEAU

Huissier d'abord, puis procureur. Son collègue Dubois, l'ex-préfet de police, le lança, je ne sais trop comment, dans la ferme des jeux. Fidèle aux principes de la chicane, il y établit un bureau du contentieux. Et qu'on n'aille pas croire que je plaisante, on y trouve divers bureaux du matériel, du personnel, des fonds et du contentieux. Savary eut l'impudence de faire assimiler les employés infidèles aux employés du trésor public ; avec la seule différence que ceux des jeux jouiraient de l'avantage d'être jugés à huis clos.

Ragouleau gagna beaucoup d'argent dans les quelques années qu'il y resta. Tout Paris a retenti d'une affaire scandaleuse dans laquelle il préféra mettre au jour ses vices et sa turpitude, plutôt que de payer ce qu'il avait peut-être promis. Tant il y a que le public, tout en prononçant comme les juges sur le compte de ces deux malheureuses, sut à quoi s'en tenir sur celui de Ragouleau,

Le jour qui verra Ragouleau obligé d'offrir au malheur de la France une grande partie de son illégitime fortune, sera celui d'une éclatante justice.

BERNARD

Cartouche, Mandrin, Desrues, Camalet, Schinderane, Grasel, vous tous héros de gibet, chapeau bas ! prosternez-vous, voilà Bernard qui passe.

Aide-de-camp de Savary, Bernard géra les jeux pour son maître. On sait à quel prix il jouissait de la faveur de l'ex-ministre ; Schulmeister et lui furent les exécuteurs de tout ce que Rovigo inventa d'atroce. Trois années suffirent à Bernard pour accumuler sept à huit millions. Il est dans ce moment chargé de réaliser ce que Savary et Schulmeister ont laissé de biens en France.

J'ignore ce que nos sages ministres réservent à de pareils monstres ; mais s'il faut que Bernard conserve le prix de tous ses forfaits , je plains la

France ; elle ne tardera pas à pleurer sur quelque nouvelle catastrophe.

Gémissons sur la fatalité des circonstances qui ne permet pas à notre bon roi de céder au besoin de son cœur en faisant fermer pour jamais ces antres de deuil, de misère et de crimes.

CHAPITRE LXXIX

SIMPLE APERÇU DE RÉPARTITION DES SEPT CENT MILLIONS, D'APRES LEQUEL LES CONTRIBUABLES, TOUS PLUS OU MOINS ENRICHIS, ET PRESQUE TOUS PLUS OU MOINS FAUTEURS OU ADHÉRENTS, RESTERONT, APRÈS PARFAIT PAIEMENT, QUATRE, SIX, DIX ET VINGT FOIS PLUS RICHES QU'ILS N'EUSSENT PU LE DEVENIR SOUS UN GOUVERNEMENT LÉGITIME, ENNEMI DES CONCUSSIONS ET DU BRIGANDAGE.

Le prince Talleyrand	8,000,000 fr.
M. Davoust.	8,000,000
M. Masséna	8,000,000
M. Fouché	6,000,000
M. Cambacérès.	6,000,000
M. Lebrun, père	6,000,000
Hortense	6,000,000
Savary	4,000,000
Maret	4,000,000
Caulaincourt	4,000,000
M. Augereau	4,000,000
ci-contre	64,000,000 fr.

de l'autre part. . . .	64,000,000 fr.
Champagny.	4,000,000
Defermont	8,000,000
Français de Nantes	6,000,000
M. Daru	4,000,000
M. Moncey	4,000,000
M. Chaptal . . , ...	4,000,000
Hulin.	4,000,000
Dubois, l'ex-préfet de police . .	4,000,000
M. Lacépède	4,000,000
M. Taille-Pied de Bondy . . .	4,000,000
M. Jaubert, ex-gouverneur de la Banque	4,000,000
M. Decrès, ex-ministre	4,000,000
M. Gaudin, ex-ministre	4,000,000
M. Collin-Sussy	4,000,000
M. de Montalivet.	4.000,000
M. de Chaban, liquidateur à Hambourg	4,000,000
M. le baron Janet, intendant du trésor et liquidateur à Rome .	4,000,000
Sycyès, l'ex-abbé	4,000,000
M. Clary de Marseille	4,000,000
M. Duchâtel des domaines . . .	3,000,000
ci-contre	149,000,000 fr.

de l'autre part	149,000,000 fr.
M. Peyrusse, intendant chez le Corse	2,000,000
M. de Labouillerie trésorier, *idem*	2,000,000
Regnault, né à Saint-Jean-d'Angély	2,000,000
Merlin de Douay	2,000,000
Boulay de la Meurthe	2,000,000
M. Mathieu Dumas, intendant de la grande armée	2,000,000
M. Maure, intendant au 20 mars	2,000,000
Barras	2,000,000
M. Pelet de la Lozère	2,000,000
M. Ducos	2,000,000
M. Costaz, intendant	2,000,000
M. de Montesquiou, l'ex-chambellan	2,000,000
Pommereuil	2,000,000
M. Girardin	2,000,000
M. Dejean, ex-ministre directeur	2,000,000
M. Cessac Lacuée	2,000.000
M. Gantheaume, vice-amiral . .	2,000,000
M. Lecouteux-Canteleu	2,000,000
ci-contre	185,000,000

De l'autre part. . . .	185,000,000
M. Fontanes	2,000,000
M. Kellermann, duc de Valmy .	2.000,000
M. Lefèvre, duc de Dantzig . .	2,000,000
MM. les frères Caffarelli	2,000,000
Quinette	2,000,000
Rœderer	2,000.000
M. Mortier, duc de Trévise . .	2,000,000
M. Andréossy	2,000,000
M. Emeriau, vice-amiral. . . .	2,000,000
Thibaudau	2,000,000
Soult	4,000,000
M. Guéheneu	2,000,000
M. François de Neufchâteau . .	2,000,000
M. Otto	2,000,000
M. le maréchal Gouvion-Saint-Cyr	1,000,000
M. Beugnot, intendant dans le duché de Berg	1,000.000
M. Pasquier, ex-préfet de police	1,000,000
M. Portalis	1,000,000
M. Bigot-Préameneu	1,000,000
M. le comte Chabrol, intendant des finances en Illyrie	1,000,000
M. le baron Louis, ex-adminis-	
Ci-contre	222,000,000 fr.

De l'autre part . . .	222,000,000
trateur du trésor impérial . .	1,000,000
M. Bergon, conservateur général.	1,000,000
M. Bérenger	1,000,000
Réal	2,000,000
M. Lallemand, vice-amiral . .	1,000,000
M. Deluçay.	1,000,000
Grouchy . , ...	1,000,000
M Suchet, duc d'Albuféra. . .	3,000,000
Carnot	1,000,000
M. Voute, intendant en Hollande.	1,000,000
M. Alphonse, *idem*	1,000.000
M. Tournon, préfet et intendant à Rome	1,000,000
M. Taboureau, intendant au-delà des Alpes.	1,000,000
M. Caron de Saint-Thomas, *idem* à Florence	1,000,000
M. de Ségur, grand maître des cérémonies.	2,000,000
20 intendants ou commissaires de police dans les pays conquis	2,000,000
Ci-contre	243,000,000 fr.

De l'autre part. . . .	243,000,000 fr.
M. Suchet, administrateur général de la régie de tabacs .	2,000,000
M. Gasson, administrateur général des octrois de Paris .	2,000,000
M. Legrand, directeur général des droits réunis à Paris. .	1,000,000
M. Garnier-des-Chênes, liquidateur à Hambourg.	1,000,000
La famille du Corse, sur ce qu'elle n'a pu emporter . . .	5,000,000
Le général Duhem.	1,000,000
Le général Lemarrois	1,000,000
Le général Friant.	1,000,000
Le général Sébastiani	2,000,000
Le général Delaborde	1,000,000
Belliard	1,000,000
Le général Walther	1,000,000
Le général Morand	1,000,000
Le général Gassendi.	1,000,000
Le général Guéheneu	1,000,000
Decaen.	1,000,000
Le général Milhaud.	1,000,000
Le général Mathieu-Dumas. . .	1,000,000
Le général Rapp.	1,000,000
Ci-contre	269,000,000 fr.

De l'autre part. . . .	269,000,000 fr.
Le général Habert.	1,000,000
Le général Cambacérès	1,000,000
Le général Kellermann.	1,000,000
Excelmans	1,000,000
Clausel. . . . , ...	1.000,000
Vandame.	2,000,000
Denzel	1,000,000
Le général Sorbier.	1,000,000
Le général Ornano.	1,000.000
Le général Julien, préfet à Vannes	1,000,000
Le général Curial	1,000,000
Le général Chambarlac	1,000,000
Le général Lamarque	1,000,000
Le général Fouler	1,000,000
Le général Durutte	1,000,000
Le général Dériot	1,000,000
Derlon	1,000,000
Les frères Lallemand	1.000,000
Le général Serras	1,000,000
200 autres généraux tous plus ou moins enrichis, et tous plus ou moins adhérents, l'exception portant à peine sur cinquante, ci, ...	20,000,000
Ci-contre	309,000.000 fr.

De l'autre part. . . .	309,000,000 fr.
MM. le baron de Durand, Hédouville, Mercy d'Argenteau, Latour-Maubourg, de Serra, Rheinard, Bignon, de Nicolaï, Germain, de Nabonne, Alquier, Laforêt et comte de Talleyrand, tous ambassadeurs du Corse	6,000,000
Quatre-vingts receveurs-généraux des départements, dont les sept huitièmes, grands adhérents	30.000,000
Quatre-vingts directeurs des droits réunis, *idem*	20,000,000
Quatre-vingts entreposeurs de tabacs, *idem*.	16,000,000
Quatre-vingts payeurs principaux, *idem*. . . . . . , . . .	16,000,000
Soixante préfets, grands adhérents, tous enrichis	18,000,000
Les cardinaux, archevêques, évêques, tous adhérents, tous aumôniers de la sequelle . . .	6,000,000
Ci-contre	421,000,000

De l'autre part . . .	421,000,000
Soixante premiers présidents ou procureurs impériaux des Cours d'appel et notamment M. Gilbert-des-Voisins. . . .	6,000,000
Le Conseil d'état tel qu'il était au premier janvier 1814, non compris les membres portés séparément.	10,000,000
Les chambellans au 1er janvier 1814	6,000,000
Les directeurs des monnaies . .	2,000,000

LE SÉNAT

M. de Lamartillière, titulaire d'une sénatorerie, à Agen . .	500,000
M. de Beauharnais, titulaire à Amiens, et de plus enrichi comme parent	2,000,000
M. Lemercier, titulaire à Angers	500,000
M. Aboville, titulaire à Besançon	500,000
Ci-contre.	448,500,000 fr.

De l'autre part . . . 448,000,000 fr.

M. Pérignon, titulaire à Bordeaux 500,000

M. Sémonville, titulaire à Bourges. 500,000

Rœderer, titulaire à Caen (pour mémoire) 500,000

M. Jacqueminot, titulaire à Douay 500,000

M. Férino, titulaire à Gênes . . 500,000

M. Abrial, titulaire à Grenoble 500,000

M. Monge, titulaire à Liége. . . 500,000

M. de Bournonville, titulaire à Limoges 500,000

M. Frenelle, titulaire à Lyon. . 500,000

M. Chasset, titulaire à Metz . . 500,000

M. Berthollet, titulaire à Montpellier 500,000

M. Vimar, titulaire à Nancy . . 500,000

M. Dubois-Dubay, titulaire à Nîmes . . . . , . . . 500,000

M. Roger-Ducos, titulaire à Orléans 500,000

Ci-contre . . . . . . 455,000,000 fr.

De l'autre part. . . .	455,000,000 fr.
M. Sainte-Suzanne, titulaire à Pau . . . , ...	500,000
M. de Vaubois, titulaire à Poitiers . . . , ... , .	500,000
M. Rampon, titulaire à Rouen .	500,000
M. Démeunier, titulaire à Toulouse	500,000
M. Garnier, titulaire à Trèves. .	500,000
M. d'Harville, titulaire à Turin.	500,000
M. Garau de Coulon, titulaire à Riom	500,000
Cent autres sénateurs qui n'avaient pas de sénatorerie, à raison de trois cent mille francs chacun. C'est bien peu, dira-t-on, pour tant de mal; mais enfin ..... c'est.	30,000,000
M. Lanjuinais doit en sus, pour six semaines de certaine présidence, dont l'éclat de l'illégitimité sautait aux yeux. . .	50,000
M. de Saint-Vallier, titulaire de la sénatorerie de Gênes . . .	500,000
Ci-contre	489,050,000

De l'autre part . . .	489,050,000 fr.
Cinquante grands adhérents bien enrichis, qui, sans être ni chambellans, ni grands dignitaires entouraient l'usurpateur et tous les membres de sa famille	15,000,000
Messieurs les fournisseurs, il ne s'agit plus ici d'adhérence ni de complicité, c'est tout simplement d'énormes fortunes acquises par les malheurs de la patrie.	
Les frères Michel	6,000,000
M. Seguin . . . . . , ...	4,000,000
M. Collot	2,000,000
M. Ouvrard.	1,000,000
Cent autres fournisseurs en sous-ordre, tous enrichis par la même cause, et bien connus par les conseils de préfecture de leurs départements respectifs	10,000,000
Cinquante manufacturiers de draps pour la troupe, ...	
Ci-contre	527,050,000 fr.

De l'autre part. . . 527,050,000 fr.

honnêtes gens, de Lodève, de Bédarieux, de Vire, etc.; mais tous bien enrichis, par l'immense quantité de jeunes Français que l'ogre aimait à conduire à la boucherie en habit neuf. Ici, nous irons doucement, parce qu'il y a dans l'acquisition de cette fortune beaucoup de vraie sueur de front, nous dirons donc les cinquante 1,000,000

LES FERMIERS DES JEUX

Perrin l'aîné	6,000,000
Perrin le cadet	3,000,000
Bazoin	3,000,000
Ragouleau	2,000,000
Davlouy	1,000,000
Bernard, pour lui et son camarade Schulmeister, il faut les empêcher de rejoindre Savary ou Maret, ou.....; sans	

Ci-contre 543.050,000

De l'autre part. . .	543,000,000 fr.
quoi, gare aux assassinats et aux troubles. Si on ne leur donne pas le temps de tout emporter, on pourrait arrêter sur ce qu'ils ont volé au moins . . .	3,000,000
Quatre-vingts directeurs des domaines et de l'enregistrement tous bien enrichis.	14,000.000
M. Villantroys, inspecteur aux revues, président du directoire de l'habillement	500,000
Etienne-Conaxa	300,000
MM. Saulnier, père et fils, de la police	3,000,000
M. Siméon, ministre en Westphalie	1,000,000
La Chambre des comptes. . . .	2,000,000
M. Regnier, fils du duc de Massa	1,000,000
Les chefs de division dans tous les ministères.	2,000,000
M. Ferrier des douanes	3,000,000
MM. les préfets maritimes et chefs d'administration	3,000,000
Ci-contre	572,950,000 fr.

De l'autre part. . . .	572,950,000 fr.
200 notaires de France, enrichis par les innombrables acquisitions de tous les adhérents. .	30,000,000
	602,950,000
Les conseils de préfecture trouveront facilement dans leurs départements respectifs quatre oucinq mille enrichis, soit par leur adhérence, et pourront leur appliquer le solde qui n'est que de	97,050,000
Total	700,000,000 fr.

Voilà les sept cent millions. Ils sont là ; pas le moindre doute. Les prendra-t-on ? Tant mieux. Hésiterait-on ? Tant pis. Ce serait, comme je l'ai déjà dit, vouloir acheter le silence des fauteurs de vingt-cinq années de troubles au prix du bonheur des Français, que ces quatre ou cinq mille individus tourmenteront d'une manière si cruelle.

CHAPITRE LXXX

MES CRAINTES

La peur est, comme l'amour, un sentiment qui ne se commande pas. J'ai peur ; et malgré que tous les jours de sages dispositions faites par notre bon roi, ou par les dépositaires de son autorité, pour calmer toutes les inquiétudes dussent éloigner de mon âme ce pénible mouvement, *je crains*.... Et que diable craignez-vous ?

Je crains que l'excessive clémence de notre bon roi n'encourage les menées des incorrigibles.

Je crains qu'avec la vie que, de tout cœur, je souhaite qu'on laisse à ces braves messieurs, on ne leur abandonne aussi leurs immenses richesses mal acquises, ce que je ne verrais qu'avec la plus vive peine ; parce qu'au siècle où nous vivons, tout l'ar-

gent d'un royaume se trouvant entre les mains de tous les factieux, de tous les criminels, de tous les intrigants de ce même royaume, il est presque impossible de ne pas voir se renouveler les horreurs sur lesquelles nous gémissons depuis si longtemps; tant est grande la soif de gouverner qui dévore tous ces hommes dangereux ; soif qu'ils ne pourront plus satisfaire, si nous parvenons à les *démillioner*.
— Mais une soif qu'on n'étanche pas conduit.....
— A tout ce que vous voudrez, Monsieur, plutôt que de les voir se désaltérer à la même fontaine.

Je crains, si l'on ne se hâte de publier l'abolition de l'ordre de la Réunion, de me trouver dans l'horrible alternative de prendre (moi qui ne les connais pas), Syeyès et Rœderer pour MM. Dambray et Desèze ; nos deux champions révolutionnaires pouvant porter le même grand cordon que Leurs Excellences.

Syeyes et Desèze ! Rœderer et Dambray ! Quels sujets de méditation !!! — Eh bien ! qu'avez-vous? Dieu ne fit-il pas la GRÊLE ET LA ROSÉE???

Je crains qu'on ne purge pas assez vite l'Église de tous ces cardinaux, archevêques, évêques de révolution, qui firent de tout pour des calotes rouges, des croix et des rochets, et qui s'apercevant aujourd'hui que leur empire n'est plus de ce monde, font des livres pour régenter les rois de la terre. Eh ! messieurs les écrivains mitrés, n'avons-nous pas devant nos yeux la place où conduisirent notre vertueux monarque ces hommes à idées libérales comme vous, vos collégues enfin en ministère, en ambassade, au sénat, et en bassesse?...

Elle est donc bien terrible cette rage de faire parler de soi, pour qu'elle puisse porter un homme à dire d'aussi lourdes bétises que celle-ci : « *Si* « *j'avais été au congrès de Vienne, les rois n'eus-* « *sent point commis toutes les fautes qu'on leur* « *reproche.* »

J'avais toujours cru qu'il y avait à Charenton une maison où l'on traitait indistinctement tous les individus atteints d'une dose de folie plus ou moins forte ; à coup sûr je dois l'avoir rêvé, puisque M. de Pradt n'y est pas.

Je crains qu'on ne m'ait dit la vérité, en m'apprenant que notre bon roi souffrait qu'on payât encore trois mille francs par mois à certains membres du sénat du Corse.

Je crains que certains individus ne jettent des bâtons dans la roue pour la formation de l'armée royale, dont nous avons tant besoin.

Je crains que les deux Chambres ne tardent trop à présenter à Sa Majesté un projet de loi portant défense à tout particulier d'acheter les biens des adhérents.

Je crains que madame Hamelin n'ait pas emmené avec elle tous les roquets à ruban et à talon ferré qui jouaient dans ses salons, le mois de mai dernier, et s'empressaient de lui apporter la gravure du jour. Plusieurs d'entre eux n'ont-il pas eu l'audace de demander des régiments dans la nouvelle garde et dans l'armée royale ?

Je crains que Schulmeister et Bernard ne trouvent, à force d'argent, les moyens de communiquer avec Hortense, avec Savary et Maret.

Je crains qu'avec tous ses voyages de la Suisse en Savoie, de la Savoie en Suisse, et de la Suisse je ne sais où, la soi-disant belle duchesse de Saint-Leu ne nous joue quelque tour de sa façon.

Je crains que messieurs les Anglais ne nous rendent pas tout l'argent qu'ils ont pris au Corse. Ils savent bien cependant qu'il est à nous. Si absolument ils persistent à le garder, ils devraient bien l'imputer sur ce qui leur revient pour leur part des sept cent millions. Cette somme, qui ne doit pas être mince, allégerait d'autant les grands adhérents enrichis qui doivent payer. Qu'il viennent dire encore que je suis injuste, que le royalisme m'aveugle !...

Je crains que les Anglais ne nous aident pas de bon cœur quand nous voudrons reprendre Saint-Domingue. Eh bien ! qu'ils restent neutres : ce sera encore beaucoup.

Je crains que l'on ne comprenne pas Bruxelles dans la nomenclature des villes frontières que les bannis ne pourront point habiter.

Je crains que notre bon roi et sa chère famille ne s'imposent de trop grandes privations pour ménager certaines gens qui ne méritent aucun égard.

Je crains, *je crains*. Bah ! cessons de craindre... tout ira bien.

CHAPITRE LXXXI

MES ESPÉRANCES

J'espère qu'avant deux ans les neveux de notre bon roi seront à la tête d'une armée que Louis XVIII présentera avec la même confiance à ses amis, et aux ennemis de la France, si elle en a.

J'espère qu'à cette époque on n'entrera pas chez nous, sans dire *s'il vous plaît.*

J'espère qu'un rêve que je viens de faire pourrait bien se réaliser. J'ai rêvé la nuit dernière qu'il y aurait quelque chose à rabattre sur les sept cent millions. Encore tant mieux pour les enrichis.

J'espère qu'avant peu nous n'aurons que des magistrats comme MM. Desèze, Séguier et Pellart, et des prélats comme Monseigneur de Reims.

J'espère que très-incessamment les quarante seront réduits à trente-deux par l'absence de huit indoctes, ponr ne rien dire de plus, qui furent reçus *par ordre* et qu'on nomme ***Siéyès, Merlin, Cambacérès, Garat, Rœderer, Régnault, Maret*** et ***Etienne.*** On pourrait au sujet de ce dernier, faire une mention honorable, dans les registres de l'Académie, du jésuite auteur de la pièce intitulée ***Conaxa*** ou ***les deux Gendres.***

J'espère qu'une certaine dame ne nous fatiguera plus de ses vertus et de son prétendu bourbonisme, malgré l'inconcevable lettre qu'a dictée à l'un des plus honorables et des plus honorés pairs du royaume, une reconnaissance bien naturelle sans doute, mais peut-être trop vivement sentie. Que prouve cette lettre? La belle âme d'un père qui a cru ne pouvoir trop payer la conservation d'un enfant chéri, et les soins qui lui ont été donnés dans des temps de désastre. Le reste appartient à l'évidence, et nous sommes convaincus que nous ne la laisserions plus tuer à nos yeux. Et puis, où trouve-t-on cette lettre? dans le *Constitutionnel.*

Dieu ! un écrit de M. le comte de L. T... dans le ***Constitutionnel*** !!! Cela jure presque autant que Cambacérès et Malesherbes.

J'espère, qu'à force d'amour, nous prouverons

à notre bon roi que vingt-quatre millions de bons Français ne prirent aucune part à l'horrible interrègne ; que tous nos vœux tendent à ce qu'il vive longtemps, longtemps encore, heureux de ce même amour et de notre bonheur, son ouvrage.

CONCLUSION

La France veut son roi, la France veut la paix, la France veut ses Bourbons, la branche régnante, et la France les aura. Et toutes les machinations, toutes les scélératesses, viendront échouer devant cette volonté ferme et constante. Oui, nous le répétons avec notre bon monarque : clémence et pardon au repentir, au retour sincère ; mort à l'endurcissement dans le crime et dans la rébellion. Il faut que les révolutionnaires, de quelque parti qu'ils soient, *constitutionnels de 1791*, *Robespierristes*, *Maratistes*, *Carnotistes*, *Directoriens*, *Buonapartistes*, *Napoléonistes et Régenciers*, se pénètrent bien de cette vérité éternelle, que les Français ne se laisseront plus tuer pour les faire régner ; qu'ils ne règneront plus ; que c'est *fini*, *fini*, on ne peut pas plus *fini* pour eux ; qu'ils seront traités à la *Porlier*, à la ***Murat***, au moindre signe de révolte ;

et que ceux d'entre eux qui resteront en France devront s'observer de manière à ne pas donner prise, sans quoi, la première sera la bonne; ils n'auront pas la peine d'y revenir une seconde fois. Ne doivent-ils pas s'estimer bien heureux de conserver leur tête sur leurs épaules, après avoir pris une part aussi active à tous les crimes qui pendant vingt-cinq ans ont désolé la France? Ne doivent-ils pas regarder comme une grâce étonnante qu'on leur laisse une partie de l'énorme fortune qu'ils ont si mal acquise?

Qu'ils ouvrent l'histoire, ils ne trouveront dans les diverses révolutions des peuples aucun exemple d'une aussi longue impunité. Après les tourmentes révolutionnaires, les *tourmenteurs* disparaissaient au retour du bon ordre. Voyez l'Angleterre, la Suède, le Portugal, etc.

Après vingt-cinq ans de malheurs inouis, la paix, le bon ordre reviennent en France avec les vertus, avec le roi légitime ; et les *tourmenteurs* enhardis par une excessive clémence, voudraient recommencer!!!

Il faudrait auparavant nous persuader que nous avons rêvé pendant ces vingt-cinq années ; car si nous étions bien éveillés sous Robespierre, sous Carnot, sous Buonaparte, si les calamités dont ces rois..... inondèrent la France sont réelles, notre lâcheté, notre turpitude seraient inexprimables, si nous n'anéantissions ceux qui voudraient les renouveler.

Le voile est déchiré, l'illusion cesse, le prestige tombe. Les Français ne seront plus que ce que les vertus les feront. L'homme chargé d'honneurs n'en sera pas plus honoré s'il n'est point honorable, puisque nous resterons convaincus que plusieurs des grands dignitaires du Corse ont encore plus de taches sur le cœur que de rubans à la boutonnière.

Nos jeunes gens que de fausses idées de gloire entraînèrent au delà de la ligne, retrouvent en rentrant dans leurs foyers les vertus de leurs pères; ils s'empresseront de les mettre en pratique. Ils se persuaderont bien qu'une plus longue coopération à des désordres aussi graves, les ferait confondre avec ces hommes criminels, incorrigibles, dont nos sévères et sages lois nous feront justice.

Quant à ce rebut des armées, tous ces hommes sans aveu, qui ne vivent que de pillage et de dévastation, l'histoire de tous les peuples nous apprend que c'est un fléau inévitable que les longues guerres traînent à leur suite. Et puisque celles intentées par les motifs les plus injustes n'en furent point à l'abri, on ne s'étonnera pas que vingt années de guerre à la Buonaparte, toutes d'agression révoltante, aient inondé la France, résolue de vivre en paix, d'une infinité de ces hommes dangereux qui, méprisant toute espèce de travail honnête propre à assurer leur existence, ne veulent vivre que de désordres et de rapines. Les gardes nationales du royaume et l'activité du ministère en purgeront notre patrie qui, délivrée enfin de tous les vampires qui la désolaient, rendue au bonheur et à la morale par les vertus de son sage monarque, s'efforcera d'oublier tout ce qu'il lui en a coûté pour arriver à connaître la véritable valeur de tous ces grands mots : *liberté, égalité, fraternité, droit de l'homme, salut public, idées libérales, gloire nationale, grand peuple, génie du siècle, etc., etc.*

Oui, Français, j'y consens, oublions nos malheurs, le souvenir en est trop déchirant. Mais rappelons-nous bien que ce fut à l'aide de ces mots allongés que Robespierre, Carnot, Fouché, Cambacérès, Savary, Maret, Caulaincourt, et mille autres, nous prirent notre argent, s'affublèrent de dignités, envoyèrent nos enfants à la boucherie pour se maintenir ; et, chose incompréhensible ! exigèrent de nous les marques du profond respect que l'on doit à la vertu distinguée. Buonaparte voulut être honoré comme Louis XVIII ; Hortense comme Son

Altesse Royale madame la duchesse d'Angoulême ; Joseph, d'abord comme Son Altesse Royale Monsieur, ensuite comme Ferdinand VII ; Cambacérès, comme M. de Malesherbes ; Decrès, comme monseigneur le maréchal de Castries ; Davoust comme Turenne ; et Soult, comme Bayard. Et disons-le, mais bien bas, de manière à ne pas être entendus, ces marques de vénération, ils les obtinrent ostensiblement avec notre argent et nos enfants.

Je ne cesserai de le répéter, il n'est pas possible que la postérité puisse croire que ce fut le même peuple qui fit tant de grandes choses et souffrit tant d'avanies. L'historien aura beau être fidèle, on ne l'accusera pas moins de mensonge ou de folie.

Français, qu'une aussi longue et aussi cruelle expérience doit avoir rendus sages, et qu'elle doit avoir éclairés sur vos vrais intérêts, quel est celui d'entre vous qui oserait se ranger encore sous la dégoûtante bannière de ces hommes de sang dont les crimes sont si bien dévoilés? Pourriez-vous hésiter à vous rendre à l'évidence ? Jetez un coup d'œil en arrière, voyez quels sont les hommes qui vous gouvernèrent pendant vingt-six ans, et quels sont les princes que la Providence vous rend aujourd'hui ! d'un côté l'assassinat, le mensonge, la cupidité, la bassesse, le mépris du sang français, la dépravation totale ; de l'autre, l'amour des Français avant tout, et au suprême degré la noblesse, la candeur, la franchise et la majesté de toutes les vertus.

Hommes égarés que les grands criminels entraînèrent, venez avec nous, abandonnez ces misérables ; encore quelques instants, et vous les verrez dans tout leur jour. Dépouillés de la fausse considération que donne l'argent, il ne vous paraîtront plus des colosses que par leurs crimes : venez, venez, il ne vous faudra pas longtemps pour chérir nos Bourbons ; depuis des siècles leur auguste famille est en possession de commander l'amour et le respect à la première vue.

Jeunes imprudents, qu'une sotte obstination, qu'un faux raisonnement tient éloignés des sages avis de vos pères, écoutez-les ; il en est temps, ils ont connu le vertueux Louis XVI, qui, s'il eût été moins aimant, moins avare du sang français, du plus impur même, règnerait encore. Ses étonnants malheurs et ceux de toute sa famille trouvèrent leur source dans cet amour excessif pour tous les Français. Dieu ! à quoi tiennent les destinées des peuples et des rois ! ! !

Philippe Egalité, Mirabeau et Lafayette pendus, la France n'était pas révolutionnée. Nous n'eussions connu ni Robespierre ni Buonaparte! nous ignorerions des crimes qui ont fait frémir la terre ; et vous, jeunes insensés, loin des camps, dans le sein de vos familles, vous eussiez reçu une éducation convenable, des principes de morale et de religion qui vous eussent rendu familière la pratique de toutes leurs vertus.

Quant à vous, jeunes incorrigibles, qui croyez avoir tout appris en siégeant quelques mois sur les banquettes de ce conseil d'État, qui prétendait n'avoir pas d'égal au monde; et qui cependant ne vous enseigna qu'à nous faire quelques ennemis de plus dans les pays conquis; IMPRUDENTS AUDITEURS ! allez, allez, suivez vos pères sur les bords de l'Orénoque ; portez-y vos hautes conceptions, votre jactance ; mais souvenez-vous bien que vous arriverez chez un peuple qui se connaît en vraie liberté, et que vous aurez de la peine à faire convenir les Américains que les sénatus-consultes de vos prétendues Excellences de pères, fussent des chefs-d'œuvres de l'entendement humain. Partez, fuyez, faites comme Lavalette, et *sia al diavolo, qui vous regrète* !

Restez, restez parmi nous, ô vous, égarés de

bonne foi, qui ne faites pas votre unique étude d'ériger en vertus tous les crimes de l'usurpateur; restez, votre bon roi, votre roi légitime et la France entière vous y engagent; abandonnez à leurs remords et à la juste sévérité de nos lois, tous ces hommes vicieux, pour lesquels la tranquillité de la France est un tourment; restez parmi nous, et vous ne tarderez pas à bénir la Providence de l'heureux changement qui vient de s'opérer dans notre patrie. Suivez l'exemple de ce jeune ministre de Louis XVIII ; il paya, comme vous, comme tant d'autres, le tribut à la fausse gloire, à la fausse grandeur, mais rendu à la lumière par les malheurs de la France et par les vertus de son roi légitime, voyez avec quel noble courage il sut, au 20 mars, rester fidèle à ses serments, et mépriser les menaces et les promesses d'une famille sur laquelle ses yeux étaient dessillés. Notre bon roi, qui se connaît en hommes et en fidélité, l'en a bien dignement récompensé, en le nommant sentinelle suprême de sa personne sacrée. Malgré le nuage passager que semblerait jeter sur sa fidélité un événement (1) qui démontrerait encore, s'il en était besoin, le danger de laisser des trésors, et par conséquent des moyens puissants de séduction, au chef du parti;

(1) L'évasion de Lavalette.

nous aimons à nous flatter que l'examen de sa conduite, justement provoqué par la sollicitude de la Chambre des députés, ne mettra que dans un plus grand jour son honneur et sa loyauté :

Un seul jour ne fait pas, d'un mortel vertueux,
Un perfide assassin, etc., etc.

Le temps, cet éternel instructeur du genre humain, nous a fait connaître par vingt-cinq ans de larmes et de misères, que ce n'est jamais impunément que l'on quitte le sentier des vertus pour celui du crime ; je dis du crime, parce que c'est presque le commettre que de le souffrir ; et la France, ravagée dans ses biens, dans sa génération, a expié l'assassinat de son vertueux monarque.

La justice divine est apaisée ; nous renaissons à l'espérance ; les monstres que l'enfer vomit sur notre malheureuse patrie s'éloignent, trop doucement à la vérité, mais enfin, ils disparaîtront tous, et avec eux nos pénibles souvenirs.

Les gouvernés ne sont ordinairement que ce que les gouvernants les font. Sous Buonaparte et sa cour, nous n'encensâmes que..... ; sous nos Bourbons aimants et vertueux, nous sentirons combien il est doux d'aimer qui vous aime, combien il est honorable de payer un juste tribut à la vertu.

Et puis, ce besoin impérieux d'une longue paix, pour apprendre à nos enfants qu'il existe d'autres sciences que les *mathématiques*, le *canon* et *Machiavel*; que le peuple qui ne saurait que cela appellerait les autres peuples à sa destruction; et que si la perfidie des hommes rendit indispensable l'art *pernicieux* de la guerre, la société doit lui payer en pleurant le tribut nécessaire, lorsqu'il est légitime, et se rappeler sans cesse qu'un usurpateur fut au moment de l'anéantir tout entière.

Avec les Bourbons, plus de craintes. S'ils nous conduisent, suivons-les en toute confiance : ce ne sera pas pour satisfaire une vaine ambition ni pour donner des trônes à des.... qu'ils exposeront le sang français à couler ; s'ils ont à gémir sur cette cruelle nécessité, ce ne sera jamais que pour repousser d'injustes agressions ou rentrer dans l'exercice de tous les droits dont la privation blesserait la majesté de leur trône et le véritable honneur français. Si nous en sommes réduits là, nous saurons où trouver, dans le fort de la mêlée, ce beau panache blanc qu'Henri leur légua avec son cœur.

Nos soldats, courant à la victoire, n'y arriveront

plus par des ordres secs et impérieux, mais bien en cédant à ces mots enchanteurs et électriques : « *en avant, mes amis, suivez-moi.* » Ils sentiront que l'usurpateur, qui le lendemain d'une bataille, en parcourait la ligne en disant froidement : « *nous avons fait hier une grande consommation,* » ne pouvait être qu'une émanation de Lucifer, tandis que le généreux prince qui, les yeux baignés de larmes, fait rendre les honneurs de la sépulture à tous ses braves amis, ne peut être que l'ouvrage de la divinité sur la terre.

Français, je vous ai parlé de mes *craintes*, tous les jours elles vont se dissipant, pour faire place à mes *espérances* qui ne tarderont pas à se réaliser. Tout rentrera dans l'ordre, nous serons heureux, parfaitement heureux ; et nous forcerons à le devenir avec nous tous ces obstinés qui n'ont que la tête de gâtée et qu'une bien fausse honte tient encore en suspens.

Quant aux autres, qu'ils déposent et qu'ils s'en aillent. *Amen, amen, amen, alleluia! alleluia! alleluia!*

D'ailleurs que feraient-ils en France où leurs oreilles et leur gésier seraient continuellement déchirés par le joli refrain du meunier ?

« Que Dieu maintienne
« Au trône ses enfants (1)
« Jusqu'à ce qu'on prenne
« La lune avec les dents. »

(1) Ce sont les enfants du bon Henri que nous désirons voir sur le trône *usque ad vitam æternam* avec la même sincérité d'*amen* que pour votre *dépaillonnement* et votre départ.

FIN

F. AUREAU. — IMPRIMERIE DE LAGNY

BIBLIOTHEQUE NATIONALE DE FRANCE
3 7531 01237606 8

www.ingramcontent.com/pod-product-compliance
Ingram Content Group UK Ltd.
Pitfield, Milton Keynes, MK11 3LW, UK
UKHW012154240726
13966UKWH00002B/326

9 782012 476356